DÉPENSEZ TOUT,
VIVEZ HEUREUX

STEPHEN M. POLLAN
et MARC LEVIN

DÉPENSEZ TOUT, VIVEZ HEUREUX

TRADUIT DE L'ANGLAIS (ÉTATS-UNIS)
PAR
JÉRÉMIE GAZEAU

COLLECTION « DOCUMENTS »

le cherche midi éditeur
23, rue du Cherche-Midi, 75006 Paris

Première partie

Mourir sans le sou, une philosophie

CHAPITRE 1

UN GUIDE DU NOUVEAU MONDE

Pour vivre heureux dépensons tout. Il faut tendre à ne plus avoir un sou sur son compte le jour de sa mort. Cela peut sembler farfelu. Quel mal pourtant y a-t-il à mourir en ayant tout dépensé ? La tradition voudrait plutôt que l'on meurt en laissant derrière soi un maximum d'argent et de biens, produits du labeur d'une vie entière. Avez-vous cependant réfléchi à la signification de cela ? Ne sentez-vous pas une légère ironie derrière cette idée de travailler inlassablement toute sa vie, dans le seul but de laisser derrière soi des richesses dont jamais vous ne profiterez plutôt que de jouir de l'existence ? Dans un autre contexte que le nôtre c'est l'idée qui pourrait paraître absurde, voire ridicule. Personne évidemment, d'instinct, n'a envie de s'épuiser pour acquérir des biens dont il ne pourra pas disposer. Mais, me direz-vous, il y a votre famille, vos descendants, qui préféreraient sans doute vous voir mourir à la tête d'un empire plutôt que démuni et sans le sou.

Là encore, réfléchissez un instant. N'est-il pas un peu fou que vos proches aient à attendre votre disparition pour pouvoir bénéficier de ce que vous avez accumulé ? Ne serait-il pas plus agréable pour eux d'en profiter dès maintenant ?

Et pour vous de les assister de votre vivant ? Cela semble sensé. Mais ce n'est certainement pas suffisant pour faire disparaître vos doutes quant aux bienfaits de mourir sans laisser un sou. Toute votre vie vous avez entendu qu'il était nécessaire d'accumuler de l'argent, qu'il était positif de mourir à la tête d'une petite fortune, qu'il fallait tout faire pour constituer un patrimoine considérable dans le but de le transmettre à vos descendants. Cela est presque devenu une évidence. Comme si envisager les choses autrement ne pouvait conduire qu'à la ruine et à la faillite. Votre angoisse à l'idée de mourir sans le sou est donc compréhensible. Et elle mérite qu'on s'y arrête. Le temps de réaliser qu'elle est fondée sur des raisonnements aujourd'hui dépassés. Les images d'échec et de misère associées à l'idée de mourir ruiné nous viennent en effet droit de l'époque de Zola et elles continuent, à l'aube du XXIe siècle, à gouverner nos existences. Des conceptions, comme la nécessité absolue d'accumuler des richesses, la valeur individuelle jaugée à la réussite sociale, la prosternation devant le dieu Travail, ne sauraient pourtant perdurer à l'âge de l'information. Continuer à vivre avec ces préceptes devrait nous sembler aussi ridicule que d'enfiler chaque matin des fixe-chaussettes. Nous n'en sommes plus là. Le monde a changé, la société a changé, seuls ces principes n'ont pas évolué. Le temps est aujourd'hui venu d'en faire table rase. Cessons de nous laisser influencer par ces modèles édictés à une époque définitivement révolue et essayons enfin de vivre avec notre temps.

Un sort commun

Si je me permets de m'exprimer ainsi, et de brocarder ces quelques idées reçues qui, bien que dépassées, nous empoisonnent encore l'existence, c'est que je rencontre chaque jour des personnes qui en sont les victimes. Conseiller financier à New York, je travaille pour des gens d'un milieu relativement aisé qui ont en majorité entre trente et quarante-cinq ans. S'ils refusent de se reconnaître dans les personnages rapaces et infréquentables décrits dans *Le Bûcher des Vanités* de Tom Wolfe, la quasi-totalité d'entre eux ont cependant cru être les maîtres de l'univers dans les années 80, quand l'argent était la valeur absolue. Aujourd'hui, ils ont des revenus annuels importants, ils vivent dans des appartements confortables ou dans de belles maisons à la campagne, ils voyagent, mangent dans les restaurants à la mode et se font livrer du vin par caisses. Ils fréquentent les clubs de remise en forme et paient des cours particuliers à leurs enfants. Comble du chic, ils achètent leur café en grains.

Bien que ce soient là des figures assez typiquement new-yorkaises, on peut les considérer comme représentatives des gens de cet âge qui, aux quatre coins du monde, ont une vie assez confortable. Ils ont acquis davantage de biens et d'expérience qu'en avaient leurs parents à leur âge, ils occupent des postes de décideurs dans des entreprises ou bien ils dirigent leur propre affaire. Des comptables se chargent de leur feuille d'impôt, des thérapeutes prennent soin de leur psychisme, des médecins surveillent leur régime, des entraîneurs les aident à développer leurs pectoraux. Et moi, je m'occupe de les débarrasser de leurs angoisses. Car être conseiller financier revient aussi à cela : débarrasser les gens des angoisses et des doutes qui les paralysent. Car on ne peut plus séparer dans notre société le rapport au travail et à l'argent du reste de l'existence. La vie professionnelle et la vie personnelle se confondent chaque jour davantage. C'est la raison pour laquelle j'ai toujours envisagé les problèmes ponctuels pour lesquels on venait me consulter, que ce soit pour un divorce, un testament, un conseil de recrutement ou une transaction immobilière, comme étant partie d'un tout beaucoup plus large. Je sais maintenant que lorsqu'on me demande des conseils pour « réussir dans la vie », c'est bien souvent plutôt de conseils pour « réussir sa vie » qu'on a besoin.

Il peut sembler incongru que ces gens qui ont tout ce qu'on peut souhaiter soient ainsi à la recherche de conseils pour réussir leur vie. Mes clients ont souvent été brillants dans leurs études, ils ont des diplômes, ils ont fait une carrière remarquable dans leur entreprise, atteignant parfois une échelle de salaire dont leurs pères n'auraient osé rêver. Les lois du crédit et celles du marché n'ont pas de secrets pour eux, ils ont intégré très vite celles de l'immobilier et ont pu ainsi s'offrir des appartements ou des maisons de rêve. Ils ont été capables de réussir à la fois leur vie professionnelle et leur vie familiale et pourtant... et pourtant ils ont l'impression aujourd'hui de ne pas être arrivés là où ils voulaient aller, comme si le pilote automatique les avait amenés à une mauvaise destination. Ils ne sont pas satisfaits, ils se rendent compte que quelque chose leur a échappé. Un peu comme s'ils avaient eu une absence, une très longue absence et que le retour à la réalité était difficile. Leur vie, apparemment saine et heureuse, leur laisse un sentiment amer de précarité et d'insécurité. Ils en viennent parfois à regretter leurs années d'effort. Tout ce qui a fait leur succès devient d'un coup extrêmement difficile à assumer. Les crédits, par exemple, grâce auxquels ils ont pu accumuler toutes leurs richesses, au lieu de leur faciliter la vie, deviennent des chaînes intolérables dont ils ne savent plus comment se débarrasser. La retraite, qu'ils espéraient, grâce à leurs succès, prendre à quarante ans, afin d'avoir du temps libre et se consacrer à leurs passions, semble inaccessible. L'oisiveté dont ils avaient rêvé est devenue un mirage. Vous leur parlez de nouveaux projets immobiliers, d'un placement intéressant ? Ils lèvent les bras au ciel comme s'il s'agissait d'un chemin de croix. Chaque jour des hommes et des femmes arrivent chez moi dans cet état. Chaque jour depuis septembre 1989, quand pour la première fois j'ai été confronté à ce genre de cas.

SUIVRE LES RÈGLES... ET PERDRE

Mitch et Janet Peters étaient des clients de longue date. Mitch, avait à cette époque quarante-deux ans et travaillait comme cadre dans la vente et le marketing pour une entreprise d'électronique grand public. Janet en avait trente-sept et était chef comptable dans une agence de publicité. Ils s'étaient rencontrés dix ans plus tôt, à l'occasion d'une campagne de pub que l'agence de Janet organisait pour la compagnie de Mitch. Leurs deux salaires annuels, additionnés, atteignaient la somme de 950 000 francs. Ils habitaient avec leur fille de quatre ans, Sarah, un appartement dans l'ouest de New York. Je les aidais depuis six ans à organiser leurs finances et à négocier leurs emprunts.

Ce jour de septembre 1989 donc, Mitch et Janet vinrent me voir. Cela aurait dû être une visite de routine. Ils arrivaient de leur travail. Anthony, un de mes assistants, les avait accueillis à la porte et leur avait proposé du café.

Une de mes adjointes, Jane Morrow, était sortie de son bureau pour les saluer. Lorsque je suis arrivé, ils parlaient ensemble de Sarah, tout semblait aller pour le mieux. Une fois qu'ils furent dans mon bureau, l'atmosphère changea du tout au tout. Ils étaient anxieux, tendus, mal dans leur peau. Il y avait eu une nouvelle vague de licenciements dans la compagnie de Mitch. Lui n'avait pas été touché mais il avait senti le vent du boulet passer tout près et il pensait n'être plus du tout en sécurité. L'emploi de Janet semblait plus solide ; dans son entreprise on l'assurait régulièrement qu'elle n'avait rien à craindre mais cela faisait deux ans qu'elle n'avait pas été augmentée et les perspectives étaient plutôt floues. Ils voulaient déménager. Leur appartement était devenu trop petit pour eux. Mais l'immobilier était au plus haut. Ils étaient conscients que s'ils achetaient maintenant, c'était sans espoir de réaliser des plus-values à la revente. À cause de dépenses toujours plus importantes et de salaires qui stagnaient, ils n'avaient pas pu mettre d'argent de côté depuis plus d'un an. Mitch plaisantait à peine en lâchant sur un ton désabusé : « Et dire que j'avais rêvé de pouvoir prendre ma retraite à mon âge ! » Janet me confia qu'ils voulaient un autre bébé mais que dans la situation actuelle mieux valait ne pas y penser. « Nous avons pourtant tout fait dans les règles, me dit Mitch, nous avons fait tout ce qu'il fallait. » J'y sentais un reproche sous-jacent puisque, après tout, c'était moi qui leur avais dit ce qu'il fallait faire. « Je pensais que notre vie deviendrait meilleure au fil des années... Résultat : nous nous retrouvons avec des dettes sur le dos et nous sommes condamnés à travailler toujours plus pour garder notre niveau de vie. »

C'est le genre de situation qu'un conseiller financier redoute. Je n'avais rien à répondre à leurs plaintes, je ne pouvais que constater, impuissant. J'avais pourtant l'habitude des situations apparemment inextricables, mais là, c'était plus fort que moi. Que pouvais-je leur dire ? Quand quelqu'un coule, on ne lui demande pas si l'eau est bonne. On lui lance une bouée. J'ai donc essayé de les réconforter de mon mieux, de les déculpabiliser. Et je leur ai demandé d'arrêter de se poser des questions sur le pourquoi et le comment de leur situation afin de pouvoir affronter concrètement leurs problèmes les uns après les autres. Il fallait d'abord qu'ils consolident leurs situations professionnelles. Qu'ils abandonnent l'introspection pour passer à l'action. Mes conseils ont porté leurs fruits. Ils se sont sentis mieux et sont sortis plus combatifs de mon bureau. Si cela les avait soulagés, je n'oubliais pas pour autant les peurs et les frustrations qu'ils avaient exprimées. J'en aurais d'ailleurs été bien incapable : à partir de ce jour, pas une semaine ne s'est passée sans que je reçoive des clients connaissant le même type de problèmes et d'angoisses. Au bout de cinq ou six cas similaires, j'ai compris qu'il se passait quelque chose de profond, qu'il fallait que je me remette en question et que je cherche les solutions adéquates à ce nouveau type de problème.

Au-delà de la gestion de crise

La gestion des situations de crise, que j'avais d'abord appliquée au cas de Mitch et Janet en leur demandant d'affronter les problèmes concrets les uns après les autres, n'était satisfaisante qu'à court terme. Elle consistait ni plus ni moins à faire sortir de la barque qui prend l'eau le même volume de liquide que celui qui y entre. On ne pouvait pas aller bien loin comme ça. Il fallait arrêter de regarder les choses par le petit bout de la lorgnette, arrêter de trouver des solutions ponctuelles à des problèmes ponctuels, comme les conseillers financiers ont l'habitude de le faire, et considérer la situation dans son ensemble. Il s'agissait cette fois d'aller chercher ce qui faisait gripper la machine tout entière plutôt que de délivrer de banals tuyaux de gestion...

Il m'a fallu six longues années pour trouver les réponses aux questions que Mitch et Janet Peters ont été les premiers à me poser et que des centaines de clients m'ont posées à nouveau après eux. Je sais enfin aujourd'hui pourquoi Mitch et Janet, « qui avaient fait tout ce qu'il fallait », s'étaient retrouvés dans cette impasse. Ils avaient suivi les règles, c'était indéniable, mais ils n'avaient pas suivi les bonnes règles. Le jeu avait changé. J'ai donc trouvé au fil des années un mode d'emploi pour ce nouveau monde, j'ai cessé de pratiquer mon métier comme je le faisais avant, en gérant des situations de crise, et j'ai adopté une autre approche de la vie financière qui a fait des merveilles dans les cas de Mitch et Janet et de mes autres clients et qui, je l'espère, vous aidera vous aussi à affronter cette nouvelle ère économique. Voici comment d'une phrase résumer cette tactique : Mieux vaut mourir sans laisser un sou.

Un nouveau monde

Nous sommes aujourd'hui entrés dans une nouvelle ère économique. Les règles et les idées léguées par les générations précédentes, qui ont fait preuve jadis de leur efficacité, ne sont plus valables dans le monde où nous vivons. Et les objectifs d'hier n'ont plus de raison d'être. Il y a de quoi être terrifié à l'annonce de cette mutation. Le passage d'un monde à un autre, d'un âge à un autre est toujours effrayant. Mais nous n'avons plus le choix. Il faut ouvrir les yeux, vaincre nos peurs et nous comporter de façon rationnelle plutôt que de continuer d'arpenter le monde à l'aide de cartes géographiques qui ne correspondent plus en rien au territoire réel.

Dans l'ancien monde, les repères étaient stables : la pierre était une valeur refuge, les cartes de crédit une baguette magique permettant de réaliser ses rêves, le travail était à peu près assuré tant que vous aviez des compétences, la retraite était la rançon idyllique d'années de labeur, l'argent était fait pour être amassé et transmis aux générations suivantes.

Dans le nouveau monde, la donne est différente : l'investissement immobilier présente des risques, l'achat à crédit peut conduire à la faillite personnelle, nous sommes devenus des électrons libres sur un marché du travail hasardeux, la retraite est devenue un problème angoissant et la volonté de se constituer un patrimoine transmissible a pris des allures de défi.

Dans l'ancien monde, vous viviez selon des règles établies : progresser dans votre entreprise, avoir recours au crédit pour optimiser votre confort, profiter de votre retraite au plus tôt et mourir le plus riche possible avec un patrimoine conséquent à léguer à vos enfants.

Dans le nouveau monde, il vous faudra intégrer quatre règles tout aussi simples mais radicalement nouvelles. Il faudra d'abord vous préparer dès aujourd'hui à démissionner de votre emploi, apprendre à payer comptant, oublier la retraite et vous efforcer de mourir sans laisser un sou.

CHAPITRE 2

PENSEZ DÈS AUJOURD'HUI À DÉMISSIONNER

Il est facile de constater que nous vivons aujourd'hui dans un nouveau monde économique. Il suffit pour cela par exemple de considérer l'évolution d'une entreprise type. Cette simple observation montre immédiatement que les effectifs sont en baisse d'année en année. Combien d'emplois ont disparu suite à l'informatisation de la société ou à l'appel aux sous-traitants ? Combien de vos collègues ne sont plus là parce qu'ils ne généraient pas suffisamment de chiffre d'affaires, parce qu'ils n'étaient plus économiquement rentables, parce qu'ils ont été remplacés par une machine ou bien parce que les tâches qu'ils remplissaient sont maintenant sous-traitées ? La vie de bureau au quotidien a elle aussi changé. Souvenez-vous de l'époque où vous preniez le temps de déjeuner avec vos collègues autour d'une table de restaurant, avant que ne se multiplient toutes ces sociétés de restauration rapide, de vente de sandwichs où vous vous rendez maintenant presque tous les jours pour manger en un quart d'heure. Souvenez-vous de l'époque où les résultats de l'entreprise et son fonctionnement n'étaient pas au centre de vos discussions et de vos préoccupations lors de ces déjeuners.

Le travail, d'une nécessité, est souvent devenu une obsession. De plus en plus les gens sont contraints à une obligation de résultats probants. Et de plus en plus ils vivent avec l'angoisse chevillée au corps de ne pas rester économiquement rentables pour leur société. Faire une carrière était avant quelque chose qui allait de soi, les conditions de travail étaient faciles, les promotions internes nombreuses et presque automatiques. Cela créait une bonne atmosphère autour du travail. Ce temps béni est loin derrière nous. Aujourd'hui réussir est devenu une obligation, une contrainte, une source d'angoisse. Il faut toujours être meilleur, c'est devenu un impératif et non plus juste un mot d'ordre personnel. Il faut chaque jour en faire de plus en plus, vous y êtes obligé, sans quoi se profilerait vite à l'horizon la menace implicite ou non du licenciement. La carrière était un bienfait dans l'existence, elle en est devenue peu à peu un fléau. Et ces obligations de résultats n'ont pas pour autant considérablement facilité vos fins de mois.

L'histoire d'Andrea Dreeson

La première fois que j'ai rencontré Andrea Dreeson, en 1985, elle avait tout pour incarner l'archétype du yuppie sur la couverture d'un magazine. Elle et son mari, un médecin de renom spécialisé dans la chirurgie plastique, avaient pris rendez-vous à mon cabinet en vue d'obtenir des conseils de financement visant à acheter un appartement à Sutton Place, un des quartiers les plus prisés de New York. Diplômée de la Wharton School of Business and Finance, Andrea était employée par une des plus célèbres banques internationales, qui, pour s'attacher ses services, lui avait offert un salaire annuel de 900 000 francs et un titre de vice-présidente. Elle était une étoile en pleine gloire dans le monde de la finance et il était évident que la présidence de la banque lui serait un jour accordée.

Et il était facile de comprendre pourquoi. Elle était impressionnante : grande et mince, les pommettes hautes, un nez aquilin, le regard intense, elle ressemblait à un oiseau de proie. Sans être sèche, elle dégageait l'impression de quelqu'un avec qui les discussions futiles, les plaisanteries n'étaient pas de mise. On ne se serait pas risqué devant elle à sortir du cadre de la courtoisie la plus formelle. Elle ne mâchait pas ses mots et paraissait armée d'un confiance en elle sans faille. Être le conseiller financier du couple qu'elle formait avec son mari n'était pas simple. Ils travaillaient tous les deux douze heures par jour et eux-mêmes ne se voyaient et ne se parlaient que rarement. Lorsque je réussis à leur trouver l'appartement de leurs rêves, ils m'apprirent qu'ils avaient entamé une procédure de divorce. Andrea resta ma cliente et, une fois son divorce prononcé, elle me sollicita pour que je lui trouve un appartement de célibataire dans le quartier Est, près de l'endroit où elle travaillait. Ce que je fis. Après son installation, nous prîmes l'habitude de nous voir une fois par an, en janvier, pour évoquer ensemble sa carrière et sa situation financière. Elle ne parlait jamais de rien d'autre. Sa carrière était sa vie.

Les premières difficultés survinrent le jour où l'entreprise pour laquelle elle travaillait présenta coup sur coup deux mauvais résultats trimestriels d'exercice au cours de l'année 1993. Au vu de ces mauvais résultats, les deux principaux actionnaires de cette entreprise, une banque d'investissement anglaise et un financier asiatique, firent pression sur la direction pour obtenir une baisse d'effectifs afin de renouer avec la rentabilité. Andrea n'était pas directement menacée, mais c'est à elle qu'on confia la lourde charge d'effectuer des coupes dans le personnel. L'ambiance au sein de la société se détériora évidemment très vite, chacun devant redoubler d'efforts afin de pouvoir garder son emploi. C'est peu après cet épisode qu'Andrea vint me consulter. Elle avait l'air fatiguée, elle m'avoua qu'elle travaillait quinze heures par jour au moins afin de ne pas se sentir menacée dans son job. Nous parlions de ces changements survenus dans sa vie quand, au milieu d'une phrase, elle s'interrompit, écouta la musique qui passait dans mon bureau et lâcha : « C'est du Vivaldi, non ? » Je fus un peu surpris : c'était bien du Vivaldi mais un des morceaux les moins connus du compositeur. La discussion changea, nous nous mîmes à parler de musique, et Andrea me confia que, lorsqu'elle était plus jeune, elle avait étudié durant de longues années le violoncelle. Vivaldi était le compositeur qu'elle préférait. À l'évocation de ses souvenirs, je vis son visage changer ; elle qui était toujours un peu froide et distante montrait une véritable émotion, sa voix même s'était transformée. Dès que nous reprîmes la discussion concernant son emploi, cette émotion disparut. Elle renoua avec sa froideur habituelle. Aussi quand, après m'avoir exposé tous ses problèmes, ses craintes, m'avoir détaillé toutes les pressions qu'elles subissait, elle me demanda : « Quelles sont vos suggestions ? » Je lui répondis : « Démissionnez. »

Pour une autre éthique du travail

La situation de l'emploi n'a cessé de s'aggraver au fil des années. Les ouvriers ont été les premiers à en faire les frais, au milieu des années 70. Puis ce fut au tour des cadres moyens dans les années 80. On mettait alors cet état de fait sur le compte de la récession ou de gestions malhabiles. Aujourd'hui, alors que la croissance revient, les licenciements continuent, frappant désormais les cadres supérieurs. Et personne n'entrevoit l'arrêt du processus.

Plus rien désormais ne vous garantit la sécurité de l'emploi. Dans le passé, l'entreprise avait un côté paternaliste, vos résultats et votre ancienneté suffisaient à vous rassurer quant à votre avenir professionnel. Au début des années 80, le climat a commencé à se détériorer. Tant que les bilans de votre entreprise étaient positifs, vous pouviez toutefois espérer conserver votre emploi si vos résultats étaient bons. Même cela aujourd'hui ne suffit plus. Les entreprises annoncent régulièrement des bénéfices records et simultanément des restructurations. Non seulement il est devenu difficile de trouver un emploi, mais il est périlleux de le conserver. Bien sûr, les optimistes incurables vous répondent que des emplois sont créés chaque jour, ils oublient seulement d'épiloguer sur la nature de ces emplois qui la plupart du temps sont des contrats à durée déterminée dans des entreprises de services. Les boîtes d'intérim sont sans conteste les plus grands employeurs de cette fin de siècle. Dans ce climat délétère, l'insécurité a vite fait de s'installer. La seule réponse à donner à cela, c'est de changer d'attitude à l'égard du travail. Et c'est précisément ce que, par cette proposition de démission un peu provocatrice, j'ai recommandé à Andrea.

L'éthique du travail est en évolution perpétuelle. Nous avons d'abord connu une éthique carriériste, celle de nos parents ; il fallait entrer dans une entreprise, en gravir les échelons les uns après les autres, faire carrière, c'était la clé du bonheur. La progression professionnelle était valorisante. Puis, à partir des années 60, une nouvelle donne est apparue. L'entreprise était considérée comme aliénante, il fallait se ménager une part d'individualisme, dépendre moins des autres et relever des défis personnels pour prouver sa valeur personnelle par ses résultats. Cette éthique fut à son comble dans les années 80, années fric, années frime, où l'émulation régnait sur le monde professionnel. Aujourd'hui, dans le nouveau climat économique et social, il importe de changer à nouveau d'attitude. Il n'est plus possible, sous peine de graves déconvenues, de s'identifier à un travail, à un poste, de construire son identité autour de son emploi, si valorisant soit-il à nos yeux et à ceux des autres. Ce lien indéfectible, produit de plusieurs décennies de fidélité obligée à son entreprise, est aujourd'hui le plus grand danger existant pour vos finances et votre psychisme. Il n'y a en effet plus rien de dur ni de sûr entre vous et votre société à une époque où les diplômés vont directement s'inscrire au chômage. Et ce, quels que soient vos mérites et vos compétences. Le contrat moral qui liait employeur et employé n'existe plus. Il faut donc casser ce lien affectif et professionnel et toujours être prêt à se retrouver sur la touche, toujours avoir à l'esprit la possibilité d'être du jour au lendemain au chômage. L'intérêt personnel doit passer avant l'intérêt de l'entreprise. Et il faut dorénavant considérer son travail non plus comme le signe d'une carrière, ni comme le reflet de votre personnalité, mais seulement comme le moyen de gagner l'argent nécessaire à la poursuite d'objectifs privés. Loin de moi l'idée de faire passer l'argent avant tout, d'en faire une obsession maladive, je prétends seulement que votre travail n'est plus dans le contexte actuel le moyen absolu de l'accomplissement personnel, qu'il n'est pire danger que de tout investir jusqu'à son identité profonde dans le travail au service d'une entreprise.

La façon des athlètes de haut niveau d'envisager leurs carrières est un très bon exemple de la nouvelle éthique du travail à adopter. Ceux-ci en effet arrivent dans une équipe en négociant les meilleures conditions financières possibles. Cela ne les empêche pas de se donner à fond le temps de leur passage dans le club. Ils ont cependant sans cesse à l'esprit que leur engagement au sein du groupe n'est que temporaire, qu'il prendra fin au terme du contrat. L'idée même que durant cette période ils puissent être revendus à une autre équipe ou mis sur la touche leur semble naturelle, cela fait partie des règles du jeu. Leurs salaires sont le plus souvent indexés sur leurs performances, ils savent en permanence ce qu'ils valent et ils n'hésitent pas à dénoncer leurs contrats s'ils pensent être sous-payés ou si un autre club leur fait une meilleure proposition. Leurs employeurs sont-ils choqués par cette attitude ? Pas le moins du monde. En effet, le propriétaire et les dirigeants d'une équipe ne se privent pas à l'inverse de revendre ou de renvoyer un joueur lorsque ses résultats fléchissent.

Peut-être cette éthique vous séduit-elle. Sa mise en pratique en revanche peut vous poser un problème dans la mesure où vous ne courez pas le 100 mètres en moins de onze secondes et que votre taille et votre poids ne sont pas comparables à ceux d'un rugbyman. Il vous suffit alors de considérer une population plus proche de vous, celle des gens qui ont aujourd'hui une vingtaine d'années, cette génération que la presse a baptisée génération X. Ceux-ci n'ont jamais connu la période faste de la croissance et du plein emploi. Toute idée de loyauté envers l'entreprise leur est étrangère. Ils ont connu les petits stages, le chômage, ils ont vu leurs aînés se tuer ravail, sacrifier une partie de leur vie privée pour bien souvent finir par se faire licencier. Ils ont intégré ce nouveau mode de fonctionnement, l'entreprise et les institutions n'ont plus pour eux toute la valeur qu'elles avaient pour vous. Leur objectif premier, lorsqu'ils abordent le monde du travail, est de gagner de l'argent. Je me souviens des paroles de l'un d'entre eux : « C'est facile de ne pas être obsédé par l'argent quand on en a. Mais quand on a vingt-sept ans et qu'on vit encore chez ses parents, l'argent, c'est tout ce qui compte. » Celui-ci témoignait d'un esprit d'indépendance réjouissant, il était curieux de technologies nouvelles, autonome dans ses choix, capable de s'adapter très vite ; c'était l'incarnation même de cette nouvelle éthique professionnelle.

Survivre sur le marché du travail du XXIe siècle

Abordons maintenant les principes de cette éthique, qui pourront vous servir à aborder de façon neuve le marché du travail et à vous éviter de connaître la même fin que les dinosaures.

Préparez-vous à démissionner

Mary Stallone, une de mes clientes les plus énergiques, gagnait à trente-sept ans près de 900 000 francs par an comme directrice d'une agence de publicité. Elle travaillait sept jours sur sept, vingt-quatre heures sur vingt-quatre jusqu'au jour où elle a réalisé que sa fille appelait sa nourrice « maman ». Elle a commencé alors à remettre son existence en question et elle a compris qu'il lui fallait faire un choix entre son travail du moment et sa vie privée. Elle s'est donc mise discrètement en quête d'un nouvel emploi, ce qu'elle n'aurait jamais envisagé auparavant, elle a attendu patiemment une opportunité ; celle-ci s'est présentée, elle gagne aujourd'hui le même salaire dans une autre entreprise mais dîne tous les soirs chez elle avec sa fille. Son existence n'est plus synonyme de travail, c'est dans sa vie privée qu'elle trouve maintenant l'essentiel de son plaisir.

Soyez à l'affût de toute nouvelle opportunité

En prenant la décision de chercher un autre emploi, qui présenterait de meilleures conditions de travail et qui empiéterait moins sur sa vie privée, Mary a eu le bon réflexe. Cette mobilité d'esprit, cette ouverture, sont indispensables dans le nouveau monde économique. C'est en effet en restant en permanence à l'affût de nouvelles opportunités, en cherchant toujours que vous trouverez le job qui vous donnera le plus de satisfactions en matière de temps ou d'argent, et non pas en restant frileusement agrippé à l'emploi que vous occupez actuellement. Il est toujours possible de trouver mieux. L'essentiel est d'être prêt en permanence, mentalement, à quitter son entreprise. Il faut sans cesse être en quête d'une situation plus conforme à vos besoins. Vous devez être capable en somme d'arriver à un nouveau poste plus gratifiant avant d'avoir été renvoyé du premier. Cela est d'autant plus nécessaire que dans la majorité des cas une entreprise accueille plus facilement une personne qui a déjà un emploi, et avec des conditions meilleures, qu'une personne qui en cherche un depuis longtemps.

Autre exemple de cet état d'esprit, Danny Kennedy. Il était depuis neuf ans le directeur artistique d'un des plus célèbres magazines américains et gagnait confortablement sa vie. Le jour où il a eu un enfant, qu'il a eu besoin d'un appartement plus grand, il s'est réveillé. Son salaire d'alors ne lui permettait pas d'acheter l'appartement qu'il voulait dans le quartier qu'il visait. Plutôt que de se rabattre sur quelque chose de moins bien, il a attendu, il s'est mis en quête d'un autre job, mieux payé, il l'a trouvé ; il vit aujourd'hui dans l'appartement de ses rêves. Il a acquis le bon réflexe, il est déjà à l'affût, après un an passé dans cette société, d'une opportunité encore meilleure.

Privilégiez la mobilité à la promotion interne

Afin de bien intégrer les fondements de cette dynamique, il faut d'abord réaliser que le bond latéral, qui mène d'une entreprise à une autre, est souvent préférable au bond vertical – la simple promotion – qui bien souvent vous apporte un surcroît de travail important sans augmentation radicale de salaire. Changer de poste, de société permet de se renouveler, d'élargir la gamme de ses connaissances et de ses compétences, et donc, le moment venu, de faciliter votre prochain saut à un poste encore plus satisfaisant.

Gary Leopold gravissait un à un tous les échelons au sein de la division régionale d'une chaîne de grande distribution. Il prenait un réel plaisir à travailler dans le marketing et l'organisation de ventes promotionnelles dont il s'était fait une spécialité. Lorsqu'il apprit qu'une place était à pourvoir à la direction nationale de son entreprise, il se mit aussitôt sur les rangs. Au cours de l'entretien qu'il eut avec le responsable du département des ressources humaines chargé du recrutement, il apprit qu'un poste régional au sein du département financier était également vacant. Je réussis à le convaincre qu'ouvrir l'éventail de ses talents serait plus bénéfique pour lui que de s'élever d'un degré supplémentaire sur une échelle déjà branlante. Il prit donc les finances et, dix-huit mois plus tard, il était en mesure de saisir une autre opportunité. Il fut embauché comme directeur régional d'une chaîne de grande distribution concurrente.

Faites-en le minimum !

Ce nouvel esprit nécessite également de savoir exactement ce que l'on attend de vous dans votre entreprise et pourquoi on vous paie. Cela n'a en effet rien d'évident. Je vois un nombre impressionnant de salariés qui, sans réfléchir, occupent presque naturellement les vides laissés dans l'organisation de leur société, ce qui entraîne automatiquement un surcroît de travail et de responsabilités sans augmentation de salaire. Cette attitude est évidemment à proscrire. Elle vous prend un temps que vous pourriez consacrer à votre vie privée et ne vous met pas pour autant à l'abri, le jour fatidique, d'un licenciement. Je ne peux que trop vous conseiller de faire le travail pour lequel vous êtes payé, rien de plus, et de rentrer ensuite bien vite chez vous profiter de la vie. N'oubliez pas que les flagorneurs et les gens trop zélés sont comme les autres lorsqu'ils attendent à l'ANPE. Ils ont vécu un peu moins bien, c'est tout. Vous ne devez rien à personne, surtout pas à vos supérieurs qui eux, le jour venu, ne vous feront pas de cadeaux. Les liens affectifs que vous croyez avoir tissés avec eux se résumeront alors aux égards avec lesquels ils vous annonceront votre licenciement.

Les vrais plaisirs ne sont pas dans le travail

Toutes les satisfactions imaginables peuvent vous être offertes par votre vie privée. Votre vie professionnelle ne doit servir à rien d'autre qu'à vous rapporter le revenu maximal. Pour cela, il ne faut jamais oublier que votre valeur est celle du marché, et non celle négociée par l'entreprise au moment de votre embauche. Seules comptent vos compétences et non l'idée que l'entreprise se fait de votre valeur. Vous devez être conscient de cela et dans la mesure du possible en rendre votre employeur conscient. Il est bon de lui rappeler fréquemment ce que vous valez réellement. N'ayez pas de scrupules à son égard, s'il devait vous remplacer, il serait de toute façon obligé de payer la valeur réelle sur le marché du travail de vos compétences. Cela a probablement toujours été une erreur que de croire que le travail pouvait répondre à d'autres besoins que celui de remplir son compte en banque. Les vrais plaisirs sont ailleurs.

Profitez pleinement de la vie

Si vous adoptez cette nouvelle éthique, vous constaterez très vite des changements notables dans votre existence. En ne considérant plus votre travail que comme un moyen de gagner de l'argent, en reportant de votre vie professionnelle sur votre vie privée la recherche du plein épanouissement, votre quotidien s'enrichira considérablement. Vous ne serez peut-être plus le meilleur comptable du monde mais vous serez un meilleur parent, un meilleur ami. Des passions jusqu'alors négligées pour cause de travail assidu reviendront à la surface. Vous redécouvrirez un entourage délaissé au profit de collègues de bureau que les hasards du recrutement avaient placés sur votre chemin. Vous renouerez avec une autre vie, plus libre, plus vraie, dégagée du stress quotidien de l'entreprise. Se tuer au travail : l'expression est à prendre au pied de la lettre.

Andrea Dreeson : le bon choix

Après avoir suggéré à Andrea de démissionner, je lui ai expliqué cette nouvelle conception de la vie professionnelle. Elle a d'abord été dubitative, mais mes paroles ont peu à peu fait leur chemin. Lorsque je la revis, six mois plus tard, Andrea semblait plus heureuse, elle était plus chaleureuse que jamais. Elle me confia qu'elle avait peu à peu rompu les liens qui l'attachaient à son entreprise, qu'elle était à la recherche d'autres satisfactions. Elle avait recommencé à jouer du violoncelle et elle avait formé avec des amateurs de talent un petit quatuor. Elle m'invita à un concert qu'elle donnait la semaine suivante. Elle continuait à passer de longues heures dans son bureau mais elle avait abandonné sa quête insensée du siège de président. Quatre mois plus tard, je la vis à nouveau, c'était une autre personne. Elle avait retrouvé un ancien petit ami, fraîchement divorcé, Jack, et elle vivait maintenant avec lui le grand amour. Ils cherchaient un appartement pour s'installer tous les deux. Elle m'avoua que par le passé elle n'aurait jamais pris le temps de se consacrer à cette aventure sentimentale. Aujourd'hui elle et Jack sont mariés et parents de ravissantes jumelles. Andrea a conservé son poste au service financier de son entreprise, elle fait son travail, ce qu'on lui demande, et rien de plus. Toutes ses ambitions sont maintenant tournées vers sa vie privée. Elle est efficace dans son travail, elle sait que l'essentiel n'est pas là. Si demain elle apprenait son licenciement, cela lui causerait évidemment quelques problèmes matériels, mais son identité profonde n'en serait pas atteinte pour autant. Cela fait longtemps maintenant qu'elle a démissionné mentalement et que sa vie se joue ailleurs.

CHAPITRE 3

PAYEZ COMPTANT

Parmi les chaînes qui vous tiennent prisonnier, il y a, on l'a vu, vos croyances vis-à-vis de la vie professionnelle, héritées d'habitudes bien ancrées qui ne sont plus en phase avec le monde d'aujourd'hui. Mais puisque vous avez entre les mains un livre intitulé *Dépensez tout, vivez heureux*, on peut affirmer que votre situation est grave mais pas désespérée. Passons maintenant au cas de cet objet diabolique dont vous ne pouvez vous séparer et sans qui vous ne pouvez plus envisager votre existence. Je veux parler de cet organe vital de la vie quotidienne, cette baguette magique aux conséquences désastreuses : la carte de crédit. Jetons un œil sur les effets ô combien pervers de ce petit rectangle, mauvais génie aux apparences pourtant flatteuses, et sur l'importance qu'il a prise dans votre vie de tous les jours. Comment payez-vous vos courses ? Vous faites probablement comme la plupart des gens, vous sortez votre Carte Bleue et vous l'insérez dans la machine au moment de payer, sans vraiment faire attention au montant qui sera débité. Puis vous constatez l'ampleur des dégâts seulement au moment où vous faites vos comptes. L'époque est déjà loin où vous vous acquittiez de votre dû par chèque.

Il fallait, souvenez-vous, remplir des lignes d'écriture, faire le compte de votre solde bancaire dans un coin de votre chéquier, réaliser sur le moment l'importance de la somme dépensée et la chute qu'elle faisait subir à votre crédit, affronter ensuite le regard suspicieux de la caissière, lui montrer votre carte d'identité pour la rassurer, attendre qu'elle reporte le numéro de celle-ci au dos du chèque, autant d'opérations fastidieuses et peu réjouissantes que vous avez bien vite abandonnées pour la satisfaction immédiate et sans douleur de la Carte Bleue. Aujourd'hui, lorsqu'il vous arrive d'être dans une file d'attente derrière quelqu'un qui paie par chèque, il vous faut prendre votre mal en patience. Vous maudissez l'infortuné qui fait perdre son temps à tout le monde, vous le plaignez presque d'en être encore là. Pourquoi ne sort-il pas comme tout le monde sa carte de crédit ? Il passe à côté du bien-être spontané. Souvenez-vous de l'époque où vous étiez fier de remplir un chèque. C'était il y a des années de cela, quand vous sortiez du lycée, vous étiez heureux de montrer à tout le monde que vous aussi vous disposiez d'un compte-chèques. Époque révolue. Le bonheur est maintenant du côté de la carte de crédit. Invention magique. Lampe d'Aladin. Révolue aussi la triste époque où il fallait penser à aller à la banque avant qu'elle ne ferme afin d'avoir de l'argent pour le week-end. Sauriez-vous encore aujourd'hui comment on se procure de l'argent à un guichet ? Rappelez-vous, il faut faire un chèque, le libeller à votre ordre, ensuite seulement on vous remet le liquide. Il faut penser à prendre son chéquier, connaître les horaires d'ouverture de la banque, faire la queue devant le guichet, autant d'opérations contraignantes. Grâce au ciel, vous avez maintenant votre Carte Bleue, cette baguette magique qu'il suffit d'agiter pour avoir du liquide n'importe où et n'importe quand. Que vous soyiez à Paris, à Londres ou à New York, il n'y a plus d'inquiétude à avoir. Il vous suffit de composer votre code et vous avez directement accès sans vous poser de questions à toute heure du jour et de la nuit à une inépuisable fontaine de liquide...

Vous souvenez-vous de la dernière fois où vous avez décidé d'économiser un peu d'argent pour vous acheter une chose dont vous aviez envie ? Gamin, vous mettiez des pièces dans votre tirelire. Adolescent, peut-être avez-vous déposé un peu de votre argent de poche tous les mois sur un petit compte d'épargne afin, au bout d'un an, de vous acheter la chaîne hi-fi dont vous aviez envie. Aujourd'hui, nous laissons nos Cartes Bleues faire notre épargne à notre place. Votre magnétoscope se met pour la deuxième fois en six mois à mâchouiller la bande de votre cassette du *Grand Bleu* ? Cela ne vous viendrait même plus à l'esprit d'économiser un peu chaque mois sur vos dépenses pour en acheter un nouveau dans quelque temps. Vous filez droit au centre commercial et vous sortez la carte en plastique. Commode. Peut-être songez-vous déjà à utiliser les services d'une banque en ligne, qui vous permettra, comme vous l'indiquent les courriers que vous recevez, de payer vos factures directement de la maison en vous servant de votre ordinateur. Plus besoin d'acheter des timbres coûteux ni d'enveloppes. Plus besoin de se soucier de savoir si vos chèques arrivent à temps. Dans quelques années, vous n'aurez peut-être même plus besoin de chèques du tout. Vos « amis » les banquiers et créanciers mettent déjà en place un système qui leur permettra de prélever automatiquement de l'argent sur votre compte. Finies, ces factures désagréables qui déprimaient votre boîte aux lettres. Là encore, promesse de satisfaction immédiate. Sans douleur.

Le paysage, vu ainsi, a l'air idyllique et paradisiaque. On fait tout pour assouvir tous vos désirs, pour transformer votre existence en un véritable paradis dépourvu de toute contrainte. Lorsque nous prenons la décision d'entrer dans le miroir et de regarder de plus près la façon dont ce monde idéal est construit, les déconvenues sont multiples. Et les fils multicolores qui sont censés vous montrer le chemin de cet éden se révèlent des liens solides qui, sous prétexte de vous soulager, vous enchaînent de façon irrémédiable.

La partie la plus visible de cet appareillage pervers est le coût annuel de vos cartes de crédit. Chacune d'entre elles vous coûte près de 250 francs par an. Cela vous semble peut-être négligeable, c'est un signe de votre inconséquence financière. Il vous suffit en effet de posséder trois cartes de crédit pour être redevable à votre banque, en contrepartie de la mise à disposition de ces objets maléfiques, de 750 francs par an. Ajoutez à cela – si vous n'êtes pas encore abonné, peut-être y pensez-vous – les frais d'un service en ligne, nouvelle « facilité » de paiement, il vous en coûtera en plus 300 francs par an. Soit un montant total, uniquement pour vous « faciliter » la vie, de près de 1 000 francs par an. Si cela vous semble dérisoire par rapport aux commodités qui en découlent, votre cas est grave. Je préfère pour ma part m'offrir avec ces 1 000 francs un dîner une fois par an dans un grand restaurant pour fêter ma liberté retrouvée. Peut-être trouvez-vous cette expression de « liberté retrouvée » un peu exagérée. Et pourtant... il vous faut dès maintenant considérer l'utilisation de vos cartes de crédit comme une drogue néfaste à votre santé financière et tout faire pour essayer de sortir de cette accoutumance. La carte de crédit a en effet pour vertu apparente et pour vice caché nuisible d'anesthésier la douleur liée à toute dépense au profit du confort et de la satisfaction immédiate. Plus vos achats sont « désincarnés », plus la dépense est chose facile. Et si, lorsque vous payez en liquide, vous prenez conscience du coût réel de vos acquisitions, lorsque vous payez en carte, en revanche, celui-ci devient quelque chose d'évanescent, vite regardé, vite oublié. Insérer une carte en plastique dans une machine est aussi simple que de claquer des doigts et rend l'acte d'achat abstrait, ce qui facilite et encourage vos pulsions consuméristes. Vous croyez que j'exagère ? Demandez donc à Ken Schoenfeld son avis sur le sujet.

Histoire de Ken et Mary Schoenfeld

À quarante-deux ans, natif de New York, charmeur, présentant bien, créatif, Ken Schoenfeld a connu une ascension fulgurante dans le domaine de la publicité. Avec seulement en poche un diplôme de comptabilité, il a mené sa vie professionnelle de façon lucide, sautant d'une agence à l'autre pendant vingt ans avec un salaire chaque fois supérieur. Lorsque je l'ai rencontré pour la première fois il y a deux ans, il avait fini par se sédentariser à un poste de directeur de la création dans une agence de moyenne importance où il gagnait plus d'un million cinq cent mille francs par an. Sa femme, Mary, photographe de renom, pouvait elle aussi, les bonnes années, atteindre cette somme. Mary, à trente-huit ans, donnait le sentiment d'être une femme solide et réfléchie, qualités qui manquaient à Ken, plus impulsif et audacieux. Le couple fonctionnait bien sur cette complémentarité. À la naissance de leur fille, Juliette, huit ans auparavant, Mary avait quelque peu transformé sa vie professionnelle afin de rester le plus possible à New York. Pour cela, le couple avait acheté un grand loft dans le centre de la ville, où Mary avait installé un grand studio photo. Deux ans après la naissance de Juliette, une petite Pénélope vint au monde. Mary et Ken décidèrent d'engager une femme pour s'occuper à domicile de leurs enfants. Siobahn vint donc habiter avec eux et bien vite leur appartement leur sembla un peu exigu pour tout ce petit monde. Ils vinrent alors me consulter dans le but d'acheter un logement plus grand.

La première des choses que je fais lorsque mes clients me demandent de les aider à acheter un appartement est d'établir une liste de leurs exigences prioritaires. Dans le cas de Ken et Mary cela fut aisé : il leur fallait assez d'espace pour loger deux enfants (ils ne prévoyaient pas d'en avoir un autre), une nurse, eux-mêmes et l'activité professionnelle de Mary ; ils souhaitaient rester à Manhattan afin que Ken soit proche de son bureau. Ils gagnaient à eux deux entre deux millions cinq cent mille francs et trois millions cinq cent mille francs par an. À ce niveau de revenus, il me semblait assez simple de leur trouver l'appartement de leurs rêves. La surprise vint lorsque nous nous mîmes à parler de leurs dépenses. Celles-ci étaient faramineuses, à tel point que, malgré leurs revenus confortables, ils avaient contracté plus de 500 000 francs de crédits afin de subvenir à leurs achats. Ils remboursaient près de 10 000 francs par mois. Je cherchai évidemment tout de suite à connaître les raisons de ce dérapage inquiétant. Elles furent faciles à comprendre. Ken était un dandy obsessionnellement accroché au shopping. Il ne se passait pas un mois sans qu'il enrichisse sa garde-robe d'un costume de marque qu'il agrémentait chaque fois de cravates en soie, de chaussures et de chemises sur mesure. Il expliquait benoîtement et avec un petit sourire que ces frais étaient nécessaires à l'exercice de son métier : « Dans la publicité, pour réussir, il faut donner l'impression d'avoir déjà réussi et l'emballage doit être coûteux pour rassurer sur la qualité du produit. » Mary avait contracté le virus, ne voulant pas apparaître comme une cendrillon au bras du Prince Charmant, et suivait le rythme de son mari. Bien sûr, leurs filles n'étaient pas en reste et arboraient chaque jour de très jolies tenues. Cette passion pour les vêtements n'était pas seule en cause. Ken et Mary avaient pris l'habitude de dîner en ville chaque soir jusqu'à la naissance de leurs filles. Après quoi, loin de se rabattre sur la cuisine à la maison, ils étaient devenus fanatiques des plats à emporter. Je ne parle pas ici de pizzérias ou de fast-foods mais de traiteurs haut de gamme et de mets fins que leur préparaient les chefs des restaurants où ils avaient passé leurs soirées avant de fonder leur famille. Ils prenaient des vacances ruineuses qu'ils payaient aux agences à grands coups de cartes de crédit, meublaient et remeublaient leur loft régulièrement... Plus j'en apprenais et plus il devenait évident qu'ils s'offraient tout ce qui leur faisait envie et leur train de vie augmentait sans cesse, à tel point que, en dépit de revenus annuels cumulés avoisinant quelquefois le demi-million de dollars, ils n'avaient littéralement rien en banque.

Ken avait tellement l'habitude de vivre à ce rythme qu'il ne voyait pas ce qu'il pouvait y avoir là de déraisonnable. Il fut même surpris lorsque je lui annonçai que son mode de vie risquait de compromettre gravement l'acquisition d'un nouvel appartement. « Mes revenus augmentent d'année en année, nous payons nos factures et nous vivons d'une manière qui nous plaît beaucoup. Je ne vois pas où est le problème. » Les œillères de Mary semblaient moins solidement fixées et elle paraissait même prendre un peu de plaisir à voir son mari mis de la sorte devant le fait accompli. Elle avait plus les pieds sur terre et, contrairement à Ken, l'idée que leurs revenus pouvaient pour une raison ou pour une autre fondre du jour au lendemain lui avait souvent traversé l'esprit. Elle s'adressa à lui, devant moi, en ces termes : « Tu vis constamment dans le présent, tu ne penses jamais à l'avenir. C'était amusant quand il n'y avait que nous deux, mais as-tu pensé aux filles ? Nous n'avons pas un sou devant nous. » Avant que la consultation financière ne tourne au règlement de compte matrimonial, je pris les rênes de la discussion et commençai à leur expliquer pourquoi Ken n'était pas seul responsable de ce comportement, que tout, dans notre société, le poussait à agir ainsi.

La faute aux dealers de crédits

Les nations occidentales sont devenues des nations dépensières. Aujourd'hui l'emprunt domine largement sur l'épargne. Toutes les études montrent que les jeunes générations ne possèdent rien d'autre que des biens de consommation. Beaucoup n'ont comme seul placement important que leur maison. Bien sûr, une fois le prêt immobilier réglé, personne n'est physiquement contraint à dépenser plutôt qu'à épargner, mais la pression mise sur la consommation est terrible. La publicité est devenue incontournable. La valeur d'un individu se résume trop souvent à ce qu'il possède : un ordinateur, une voiture, un téléphone portable... tout ce qu'on nous vend comme indispensable. Dans les années 80, dépenser plus que ce que l'on gagnait est même devenu un principe de vie, heureusement un peu corrigé aujourd'hui. Le monde dans lequel nous entrons ne permettra plus de vivre au-dessus de nos moyens. Et pour y évoluer tranquillement, il n'y a qu'une solution : payer comptant.

Faites la chasse aux dépenses

Il est nécessaire de bannir toutes vos cartes de crédit de votre existence. Vous devez tout faire pour rendre vos dépenses aussi douloureuses que possible et cesser de vouloir posséder ce qui est hors de votre portée. Si vous n'avez pas le liquide suffisant pour acheter une chose, le mieux à faire est d'y renoncer. L'attitude saine est désormais d'économiser et, en dépit de tout l'appareillage publicitaire, d'acheter ce dont vous avez besoin plutôt que ce dont vous avez envie, qu'il s'agisse d'une maison, d'une voiture ou d'un costume. Avoir en main les billets de banque plutôt que la carte magique est une bonne façon de pouvoir discerner presque à coup sûr les choses dont vous avez réellement besoin de celles dont vous avez juste envie. Cette présence physique de l'argent rend en effet la dépense plus difficile, incite à la réflexion. Et le jour où vous devrez donner des billets de 500 francs en grand nombre pour aller bronzer à l'île Maurice, peut-être alors la découverte du Luberon vous semblera-t-elle préférable. Lorsque vous achèterez un produit, vous voudrez investir dans quelque chose de sûr. Vous vous assurerez plus facilement que sa durée de vie justifie le temps que vous avez passé à économiser. Des expressions comme « dernier cri », « nouvelle génération », « avancées technologiques » devront vous rendre suspicieux, les vocables « classique », « inusable », « valeur sûre » sonneront plus agréablement à vos oreilles. Peut-être enfin renoncerez-vous à changer vos biens de consommation pour le seul prétexte qu'ils sont passés de mode, alors que leur fonctionnement est toujours impeccable. Au XXIe siècle la frugalité sera à l'ordre du jour. Faites en sorte que ce soit là encore un libre choix plutôt qu'une contrainte.

Cherchez vos modèles dans le passé

Vos parents ont bénéficié d'un contexte économique exceptionnel, ils en ont profité au maximum. Vos grands-parents en revanche ont connu une situation plus ardue. Ils ont souvent connu une adolescence par temps d'incertitude économique, ils ont travaillé toute leur vie sans compter sur les allocations d'État, ils ont souvent connu une retraite peu généreuse. Leur mentalité, par ces temps difficiles, était différente de celle de nos parents. Il ne fallait rien jeter, il fallait économiser et éviter d'avoir recours à l'emprunt. Voilà quels doivent être vos modèles dans ce nouveau monde.

Économiser et dépenser au XXIe siècle

Faites fondre le plastique

Nous verrons dans la seconde partie les étapes qui permettent de renoncer une bonne fois pour toutes aux cartes de crédit. Le processus, en trois étapes, consiste à abandonner vos multiples cartes, à aller au guichet de votre banque retirer l'argent nécessaire aux dépenses hebdomadaires et enfin à payer comptant. Ces précautions prises, vous pourrez enfin essayer de rationaliser vos dépenses.

Pratiquez la dépense consciente

Examinez votre dernier relevé bancaire. Notez toutes les dépenses effectuées par carte de crédit et essayez de vous souvenir à quelles occasions elles ont été faites. Je suis sûr que vous ne vous souviendrez pas de l'intégralité de celles-ci. Une bonne mémoire vous permettra de vous rappeler les trois quarts, la plupart de mes clients ne se souviennent pas de la moitié. La meilleure et la seule façon de réduire vos dépenses est de vous rendre parfaitement conscient de la destination de votre argent. Pour ce faire, il vous suffit par exemple d'avoir avec vous un petit carnet sur lequel vous noterez la nature de chacune. À la fin du mois, regroupez toutes ces dépenses par grandes activités ; les pôles sur lesquels il est possible d'économiser vous sauteront aux yeux. Vous vous mettrez peu à peu à traquer chacune de vos dépenses inutiles. En analysant régulièrement vos frais, vous commencerez à réfléchir sur la façon dont vous utilisez votre argent et à vous demander si, sans vous priver beaucoup, vous ne pouvez pas faire de nombreuses économies.

Payez-vous en premier

La plupart de mes clients pensent à leurs débiteurs avant de penser à eux. Ils commencent en début de mois par payer leur téléphone, leur eau, leur électricité, leurs intérêts d'emprunts puis, s'il reste quelque chose, ils se l'accordent en argent de poche. Il est indispensable de ne plus procéder de la sorte et de retourner cette pratique à votre avantage. Chaque fois que l'on vous verse votre salaire, vous devez vous payer avant les autres. C'est-à-dire, concrètement, virer la somme la plus importante possible sur un compte d'épargne aux revenus exonérés d'impôts. Vous devez calculer la somme maximale que vous pouvez vous permettre d'économiser et faire en sorte qu'elle soit transférée sur votre compte d'épargne dès réception de votre salaire.

Évitez l'achat himalayen

Lorsque l'on demanda au célèbre alpiniste anglais George Leigh Mallory pourquoi il avait entrepris de vaincre l'Everest, il se contenta de répondre : « Parce qu'il est là. » Si vous êtes comme la plupart de mes clients, vous donnerez peut-être la même réponse à la question de savoir pourquoi vous achetez quelque chose. En avez-vous réellement besoin ou l'achetez-vous « parce que c'est là » ? Si vous voulez survivre dans le nouveau monde économique, il vous faudra cesser ce type d'achat à la mode himalayenne et vous convaincre que désirer une chose n'est plus une raison suffisante pour l'acheter, que le besoin a aussi son mot à dire.

Je ne cherche pas à apparaître comme un ascète prêchant la repentance et le mépris du monde matériel mais à vous suggérer une approche plus sensée de vos dépenses. Rassurez-vous : la définition que je cherche à établir du besoin n'est pas synonyme de simple subsistance, d'une vie privée de tout plaisir. Demandez-vous avant d'acheter quelque chose si ce que vous avez chez vous n'est pas suffisant à votre plaisir. Que ce soit un magazine, des assiettes, un manteau ou bien un nouveau porte-documents. Acheter les choses seulement parce qu'elles sont disponibles est une pente souvent fatale. Cinq minutes de réflexion peuvent être suffisantes, en tout cas sont nécessaires, afin de retenir des réflexes sans véritable fondement. N'achetez plus sans vous être assuré auparavant que ce que vous avez chez vous n'est plus suffisant. Suivre cette stratégie aura pour conséquence naturelle de vous éloigner du shopping inconsidéré et de vous orienter vers des achats véritablement nécessaires.

Ignorez la nouveauté

Ceux et celles qui se sentent obligés de posséder le tout dernier produit ou article sorti vont souffrir au XXIe siècle puisque aujourd'hui déjà des nouveautés apparaissent quotidiennement et sont souvent obsolètes un mois plus tard, les meilleurs exemples étant dans le domaine électronique. Là encore, n'achetez pas avant d'en ressentir la nécessité absolue. Les gens n'avaient pas un besoin impératif d'agenda électronique de poche avant que ceux-ci ne soient disponibles sur le marché. Les agendas en papier étaient et sont toujours bon marché, parfaitement adéquats, et personne ne trouve à se plaindre de leur manque de fonctionnalité. À vrai dire, personne ne rêvait d'un outil électronique susceptible de les remplacer... à l'exception bien sûr de ceux qui avaient l'idée d'en vendre.

À supposer même que vous ayez « besoin » d'un produit nouvellement apparu sur le marché, je vous conjure d'attendre au moins que la troisième génération dudit produit soit sortie, que les imperfections, bugs et autres défauts de conception en aient été éliminés et que son prix demandé ne soit plus prohibitif mais ramené à un niveau plus concurrentiel. À ce moment-là, et à ce moment-là seulement, vous pourrez vous permettre de l'acheter, en sachant qu'il sera obsolète le mois suivant, mais qu'il suffira largement à vous contenter pour de nombreuses années. Sans quoi vous entrerez dans un jeu de consommation absurde, un attrape-nigaud de plus en plus répandu auquel il vous faut refuser de vous laisser prendre.

Réparez avant de remplacer

J'ai chez moi un vieil ordinateur Macintosh Plus dont je me sers pour gérer mes fichiers et rédiger ma correspondance. C'est une véritable pièce de musée mais il continue à remplir parfaitement les tâches que je lui demande. Il y a quelques mois, la touche estampillée *7è* du clavier a cessé de fonctionner. J'ai pris ma machine sous le bras et je me suis rendu au magasin en vue de la faire réparer. On m'a regardé comme si j'étais un cinglé. J'eus droit à une bonne blague de la part d'un vendeur : « Nous, ces modèles-là, on s'en sert pour bloquer la porte du magasin. Ça vous coûtera 1 000 francs en nettoyage et en réparation. Vous ne croyez pas qu'il est temps de racheter un modèle plus récent ? » Je lui répondis : « Vous avez raison. Vous avez un modèle à 1 000 francs ? » Bien sûr, il n'en avait pas. Si j'avais pu obtenir un matériel neuf au prix de la réparation de mon vieux Mac Plus, je ne me serais pas fait prier pour l'acheter, mais tant que le coût de la réparation d'une machine qui me convient reste de loin inférieur à celui d'un matériel neuf, pourquoi en achèterais-je une autre ? Les bénéfices faits par les marchands en vendant du neuf sont tels qu'ils refusent pratiquement aujourd'hui de réparer l'ancien ou de vous fournir des pièces de rechange. Cela ne doit pas vous décourager tant il est évident qu'il y a et qu'il y aura de plus en plus un véritable avantage à réparer plutôt qu'à remplacer.

N'investissez pas dans l'immobilier

Être propriétaire restera une bonne chose au XXIe siècle mais pour des raisons différentes que par le passé puisque, selon toute vraisemblance, la valeur de l'immobilier ne connaîtra plus les hausses exceptionnelles qui ont caractérisé les années 70 et 80. Ce boom de l'immobilier était une anomalie directement imputable à l'augmentation de la demande provoquée par la hausse démographique, conjuguée à une offre restreinte. Mais un toit qui vous appartient pourra continuer à avoir des allures de paradis fiscal si tant est que les frais d'acquisition de l'habitation principale et les dépenses de grosses réparations veuillent bien, dans le futur, continuer à être déductibles de vos impôts. L'immobilier continuera aussi, selon toute probabilité, à suivre et peut-être même à devancer un peu le taux de l'inflation, ce qui signifie qu'il sera toujours une forme d'épargne. Toutefois, et c'est là le point le plus important, être propriétaire est et restera une situation psychologiquement et émotionnellement sécurisante en des temps où la sécurité se fera rare.

Mais les temps où l'immobilier avait une valeur unique d'investissement sont révolus et vous ne pouvez plus être ce que j'appelle, en m'inspirant du terme « serial-killer », un « serial-propriétaire ». Acheter un premier appartement et le revendre avantageusement pour acquérir de quoi loger une famille devenue plus large, attendre que les enfants grandissent et partent pour revendre à nouveau et, grâce à une seconde plus-value, déménager et prendre sa retraite dans les beaux quartiers, tout cela n'aura plus cours demain. Aujourd'hui vous devez attendre avant de devenir propriétaire et attendre assez longtemps pour pouvoir vous offrir la maison que vous auriez, dans le passé, achetée en second lieu, et surtout la choisir de façon à être sûr de pouvoir y passer le restant de vos jours. Il vous faut quelque chose de grand, susceptible d'être aménagé pour accueillir vos enfants, vos parents vieillissants et éventuellement une activité professionnelle. Il faut surtout que ce toit soit situé à un endroit où vous vous sentirez à l'aise dans votre peau de jeune parent aussi bien que dans celle de grand-parent. Tout cela rend l'acte d'achat évidemment plus difficile, mais vous devez vous imposer toutes ces exigences puisqu'il ne s'agit pas d'acheter une simple paire de chaussures ou même une voiture : ce sera l'achat le plus important de votre vie.

Bonus additionnel

En réglant vos achats au comptant et en liquide, vous ferez quelques sacrifices sur votre train de vie mais cela vous évitera d'étouffer sous le poids des remboursements et des factures et vous permettra de faire un vrai bénéfice financier. En modifiant votre comportement d'achat, vous rendrez de surcroît aux objets une véritable signification. Combien de fois avez-vous dit à vos enfants qu'une chose que l'on méritait avait plus de valeur qu'une chose tombée du ciel ? Psychologiquement, il est indéniable qu'il y a un bénéfice certain à acheter un bien pour lequel on s'est privé plutôt que de l'acheter les yeux fermés, sans se rendre compte de la valeur de rien. Peut-être cette conception vous semble-t-elle un rien conservatrice, réfléchissez-y cependant un peu, pensez à vos grands-parents et à la valeur qu'ils accordaient aux choses et vous commencerez à sentir qu'une frugalité rationnelle peut présenter beaucoup de satisfactions par rapport à une consommation effrénée.

Ken et Mary Schoenfeld ont fait fondre le plastique

J'ai expliqué toutes ces choses à Ken sans prendre de gants, en lui faisant comprendre que, en achetant sans réfléchir une cravate Hermès ou du saumon premier choix, il mettait en péril sa sécurité financière et celle de toute sa famille. Il fallait qu'il fasse dorénavant en sorte, même si cela lui semblait totalement incongru, de rendre ses dépenses aussi difficiles et douloureuses que possible. Je me doutais bien que cela ne se ferait pas du jour au lendemain, Ken n'étant pas le genre à aller travailler avec un panier-repas. Et pourtant, huit mois plus tard, les premiers résultats apparurent. À défaut d'être devenu un modèle de frugalité, le couple Schoenfeld avait au moins mis fin à ses dépenses les plus extravagantes. Pour la première fois depuis des années, ils ne vivaient plus au-dessus de leurs moyens. Aujourd'hui, ils ne sont plus débiteurs en banque, et ils envisagent même de vendre leur appartement pour rembourser leur emprunt et jeter les bases d'une épargne différente qui leur permettra un jour de s'offrir en payant comptant la maison de leurs rêves. Plus important encore, ils ont cessé de vivre au jour le jour, comme s'ils avaient enfin compris qu'ils avaient un avenir. Ken a cessé de croire qu'un nouveau costume Armani tous les trois mois était le gage de sa réussite et de sa valeur humaine.

CHAPITRE 4

NE PRENEZ PAS VOTRE RETRAITE

L'obsession de la retraite chez mes contemporains me surprendra toujours. La raison principale pour laquelle on me consulte est l'établissement d'un plan de retraite. Mes clients sont inquiets à l'idée de ne pas avoir assez d'argent de côté pour leurs vieux jours, ils ont peur de vieillir dans le dénuement, l'avenir les préoccupe. En somme, leur retraite leur pose problème. Alors qu'à moi elle ne m'en pose aucun, puisque c'est une idée, un concept que je juge néfaste et avec lequel j'ai rompu depuis longtemps.

Un filet de sécurité

Avant la seconde moitié du XIXe siècle, la retraite n'existait pas. Il y avait bien quelques caisses professionnelles attachées à certaines grosses industries, mais le phénomène n'était pas institutionnalisé. Les personnes âgées prenaient encore une part active au travail, agraire en particulier; si leurs capacités physiques diminuaient, leur expérience et leur sagesse comblaient aisément le déficit. Lorsque la société s'est largement industrialisée, la sagesse et l'expérience sont devenues affaires de technique. On avait besoin de gens pour serrer les boulons et huiler les rouages, des bras musclés et un dos solide étaient nécessaires et suffisants. Les idées sociales, en particulier la retraite, ont pu progresser, elles ne contrariaient plus le capital qui avait besoin d'embaucher des jeunes et de se séparer des vieux. Prudence tout de même : l'âge de la retraite, fixé autour de soixante-cinq ans en moyenne, correspondait souvent à l'espérance de vie. La concession n'était ainsi pas trop coûteuse. Les premières retraites étaient minces, elles assuraient la survie plutôt que le confort.

Du filet de sécurité au miracle

Au fil du temps les luttes sociales ont permis d'améliorer cette situation. L'âge de la retraite a baissé, les pensions se sont élevées. Petit à petit l'image du retraité à évolué, son sort est devenu enviable, on l'imaginait aisément en vacances sur la Côte d'Azur, passant ses journées à pêcher ou à jardiner. Des services spécifiques se sont développés, qui ont permis aux retraités de voyager, de voir du pays. L'âge de la retraite est devenu dans l'imaginaire un âge heureux, le sort des retraités est devenu enviable. La hausse de l'immobilier a permis aux gens du troisième âge de faire de bonnes affaires ; les maisons ou appartements qu'ils avaient achetés vingt ans auparavant ont vu leurs prix flamber, ils ont pu les revendre avec un bénéfice appréciable ou les louer plus cher qu'ils ne l'espéraient. Nos parents ont ainsi connu l'âge d'or de la retraite. Aujourd'hui la donne a changé.

Il suffit pour s'en convaincre d'examiner la pyramide des âges. La génération précédente bénéficiait de beaucoup de cotisations, les actifs étant beaucoup plus nombreux que les passifs. Aujourd'hui, la natalité a baissé, l'espérance de vie a augmenté, le chômage s'est accru et les jeunes commencent à travailler, donc à cotiser, de plus en plus tard. Cette configuration est impitoyable et il faudra attendre des décennies avant qu'elle n'évolue dans le sens inverse. Ses conséquences sont évidentes. Quelles que soient les solutions envisagées par les gouvernements, les jeunes générations ne pourront compter sur une retraite aussi confortable que celle de leurs parents. Il leur faudra certainement attendre plus longtemps pour bénéficier de pensions moins attractives.

Ajoutez à cela le fait que les foyers se constituent plus tard qu'avant. On se marie plus tard, on a des enfants plus tard. Et ceux-ci restent plus longtemps à la maison, entrent dans la vie active encore plus tard. Élever des enfants coûte cher et, sauf cas exceptionnel, il faut souvent attendre que ceux-ci soient indépendants pour commencer à se constituer un patrimoine. L'immobilier ne vous est plus favorable, et vous ne pouvez espérer, à la revente, d'aussi jolis bénéfices que ceux acquis par vos parents.

Tout cela fait que, à travail égal et situation égale, vous ne pouvez plus envisager aujourd'hui ni de mettre de côté autant d'argent que vos parents, ni de recevoir des pensions vieillesse équivalentes aux leurs. Il ne vous reste donc plus que deux solutions : travailler plus longtemps ou vivre plus chichement.

On le voit, ce schéma ne laisse rien espérer de très plaisant. Et la retraite, qu'on vous vend encore, pour tout un tas de raisons, comme l'âge d'or, comme le premier moment de calme et de paix de votre existence, risque en fait d'être un véritable cauchemar. Ce décalage qui existe entre le rêve et la réalité tient à mon avis à quatre raisons principales, quatre vérités d'hier qui sont aujourd'hui devenues des mensonges.

1. On n'est pas vieux à soixante ans

L'espérance de vie a fait un bond en un siècle. Entre le temps où la retraite a été instituée et aujourd'hui, les données relatives à l'âge ont été bouleversées. Les gens qui prennent leur retraite à soixante ans ne sont plus des travailleurs usés, séniles et impotents, bénéficiant de quelques courtes années de répit. Ce sont des gens qui sont encore dans la pleine force de l'âge, pleins d'énergie et de vitalité. La soixantaine n'est plus aujourd'hui le début de la fin, mais plutôt, pour les générations nées depuis la guerre, le milieu de leur vie adulte.

2. L'oisiveté n'est pas plus agréable que le travail

Si j'ai écrit dans un chapitre précédent que la vie ne se résumait pas au travail, qu'il y avait des tas d'autres satisfactions ailleurs, je ne pense pas pour cela que le paradis se résume à dix heures de jardinage, de golf ou de tricot par jour. Le travail, quelle que soit sa forme, quels que soient ses objectifs, personnels ou professionnels, est une part nécessaire de l'existence. Les gens qui passent d'un coup brusque de trente ans de travail à une inactivité totale subissent des dégradations psychologiques et parfois physiques bien compréhensibles. La retraite, synonyme de bonheur et de vie heureuse pour la société, signifie plutôt dans la réalité ennui et dépression, et il est de plus en plus courant de voir des gens reprendre après un an d'oisiveté une nouvelle activité professionnelle pour tuer le temps avant qu'il ne les tue. La retraite considérée comme le paradis de l'oisiveté est un faux-semblant, une porte ouverte au malheur. Il y a d'autres solutions, d'autres options, de nouvelles façons de voir les choses qui peuvent heureusement nous épargner ce passage difficile.

3. La retraite n'est pas un bienfait économique

Dans les conditions que l'on a examinées plus haut, qui sont celles qui régissent notre monde, la société, contrairement à avant, n'a rien à gagner à un départ en retraite. Bien au contraire. Un départ en retraite massif serait aujourd'hui désastreux pour l'économie du pays. Le coût des retraites ruinerait les caisses et ferait subir une pression intolérable aux salariés. Le niveau de vie de tous serait en péril.

4. Les gens de plus de soixante ans ne sont pas moins efficaces que les jeunes

À l'époque de l'institution de la retraite, votre employeur n'exigeait de vous qu'une seule chose : des muscles pour pouvoir décharger des meules de foin. Aujourd'hui la nature du travail a changé et il est devenu exceptionnel qu'un pied cassé vous interdise de poursuivre votre activité. Nous sommes entrés dans l'ère de l'information. Le secteur tertiaire assure aujourd'hui la majorité des emplois. Les principales capacités requises pour exercer un travail sont, dans la majorité des cas, plus mentales que physiques. La partie la plus exténuante de la vie professionnelle, la dépense physique la plus importante, consiste bien souvent dans l'usage répété de votre index sur les boutons de votre téléphone ou de vos doigts sur le clavier d'un ordinateur. Il n'est plus évident du tout que dans cette nouvelle configuration un travailleur âgé soit moins efficace qu'un jeune À soixante-quinze ans, un homme pourvu d'un bon carnet d'adresses et d'une envie d'en découdre est souvent bien plus rentable pour une entreprise qu'un garçon de vingt ans, nouveau venu dans un emploi. L'expérience a reconquis ses droits et, comme à l'âge agraire, on a besoin d'un individu qui connaisse la partie pour conseiller et faire avancer une entreprise. Au vu de la configuration que prend le travail du futur, cette évolution ne semble pas près de s'infléchir. On pourrait même aisément penser le contraire. Et la retraite considérée comme le temps béni du tricot ou du jardinage n'a plus aucune raison d'être.

Du mouton de Panurge au héros épique

Je ne peux m'empêcher d'évoquer la retraite obligatoire sans que me viennent immédiatement à l'esprit les moutons de Panurge, qui dans la fable se sont tous jetés à l'eau uniquement parce qu'un des leurs leur avait montré le chemin. Plutôt que de calquer votre comportement sur celui d'un ovin laineux incapable d'indépendance, peut-être est-il préférable d'essayer de se comporter comme un héros épique, Ulysse par exemple.

Ainsi, au lieu de considérer votre existence comme une ascension vers un point ultime, les soixante ans, au terme duquel tout doit basculer, dites-vous que, comme Ulysse, vous êtes parti vers un voyage formidable, qui ne devra prendre fin que le jour de votre mort. Ne laissez personne d'autre que vous maître de votre temps, de votre vie. Prenez seul vos décisions et naviguez à votre gré dans le nouveau monde économique. L'ultimatum fixé par la retraite ne doit pas vous préoccuper, dites-vous qu'il ne vous concerne pas. Plutôt que de suivre les chemins que l'on trace pour vous, ouvrez vous-même votre route en considérant toutes les opportunités nouvelles qui s'offrent à vous : horaires flexibles, travail à distance, travail à mi-temps, etc., tout cet appareillage qui est appelé demain à se généraliser et à remplacer la conception classique du travail.

Adoptez la même conduite opportune dans la gestion de votre épargne. Cessez d'avoir en tête une date fixe, à laquelle tout ce que vous aurez épargné devra vous permettre de vivre mieux. Il n'y a plus de date fixe, si ce n'est celle de votre mort. D'ici là vous connaîtrez des périodes fastes, d'autres moins, votre épargne et la gestion de vos revenus devront vous permettre d'affronter, quel que soit votre âge, les périodes difficiles, avant que ne leur succède une période plus heureuse. Ne plus jouer l'ancienneté, tel est peut-être le simple secret de la jeunesse. Imaginez ainsi dès aujourd'hui votre existence comme un long voyage parsemé de petites collines à monter et à descendre, plutôt que comme une ascension harassante vers un pic au sommet duquel on bascule sur un autre versant menant à l'inaction et à la mort.

Devenir un adulte ulysséen

Abandonner l'idée de la retraite vous permet d'être enfin le maître du voyage. En éliminant ainsi de votre esprit l'idée d'une ligne d'arrivée obligée, votre vie cessera d'être une course. Vous trouverez votre rythme propre, vous pourrez exploiter vos envies, vos désirs à votre guise. Une fois cet état d'esprit acquis, quelques grandes lignes directrices qui vous permettront de tenir le cap se profilent à l'horizon.

1. Vous êtes seul maître de l'itinéraire

Il n'y a plus d'itinéraire obligé, de chemin tracé, vous devez naviguer selon vos envies, vos choix, d'un employeur à un autre, du rôle d'employé à celui de patron, d'un domaine d'activité à un autre sans vous préoccuper de votre âge. Rien n'est acquis une fois pour toutes et c'est à vous de vous remettre en question avant qu'on le fasse pour vous.

2. La seule ligne d'arrivée, c'est la mort

Oubliez ce cap illusoire des soixante ans. C'est votre vie entière que vous avez devant vous. Il n'y a pas d'âge pour bien faire, pas d'autres limites à fixer que celles que le destin vous imposera. Quel que soit votre âge, tout est à faire.

3. Vous ne vous réduisez pas à votre travail

Vous ne vous réduisez pas aux connaissances et compétences que votre employeur vous demande. Vous avez une foule de pôles d'intérêt, des envies, des passions, des curiosités, qui sont un atout au moins égal à vos compétences reconnues. N'hésitez pas à les exploiter aussi, à aborder d'autres activités que celles pour lesquelles vous avez été formé.

4. Continuez à faire fructifier votre argent

Cessez d'être obsédé par les revenus de votre retraite. Il ne s'agit pas d'une course, personne ne vous chronomètre. Le seul objectif à vous assigner est de faire fructifier votre argent de façon rapide, afin d'en profiter au mieux le plus vite possible. Et ce, que vous ayez trente ou soixante ans. Repensez vos placements financiers en ce sens, sans cesser de garder le pied sur l'accélérateur.

5. Gardez une réserve de trésorerie

Quel que soit votre âge, veillez autant que possible à mettre de côté la somme nécessaire à couvrir au moins six mois de dépenses. Que vous ayez trente ans ou cinquante-cinq ans, vous n'êtes pas à l'abri d'un imprévu, d'un détour, d'une pause, volontaire ou forcée, sur le chemin.

6. Assurez vos revenus, pas votre vie

Pourquoi s'assurer sur la vie, puisque vous ne profiterez pas de la somme ainsi débloquée ? En revanche, en cas d'invalidité, il faut avoir la garantie d'être toujours couvert, de protéger vos revenus. C'est un état d'esprit : il vaut mieux, puisque vous voulez travailler le plus longtemps possible, vous prémunir contre l'invalidité que contre la mort...

7. Accumulez les pensions et rentes

Faites en sorte de maximiser vos épargnes-retraite et vos investissements. Même si vous n'avez pas l'intention de raccrocher les gants, les assurances vieillesse par capitalisation présentent des avantages très importants au regard de l'imposition, et les moyens d'abriter ses revenus se feront de plus en plus rares au XXIe siècle. Ne faites pas trop attention aux intitulés de ces formules de placement : personne ne vous obligera à devenir retraité.

Bonus additionnel

L'abandon du fantasme de la retraite, en plus des bienfaits pratiques et matériels qu'il vous apportera, vous fera considérer l'existence d'un autre œil. En effet, en éliminant l'idée de ligne d'arrivée, la vie cessera de prendre des allures de course folle. Vous adopterez votre rythme, trouverez votre cadence et prendrez enfin le temps de respirer un peu avant votre dernier soupir.

L'HISTOIRE DE RICK DARROW

La majorité de mes clients sont assez jeunes et perçoivent la retraite comme une abstraction et non pas comme une réalité. Aussi pour eux en abandonner l'idée constitue plus une libération qu'un sacrifice. Pour Rick Darrow en revanche, le processus fut plus traumatisant.

La première fois que je vis Rick, il avait soixante ans et s'était fait un nom comme avocat d'affaires spécialisé dans la gestion des honoraires. Je l'avais interviewé pour un article qu'un magazine m'avait demandé et nous étions devenus amis. Il vint me voir plus tard en tant que client pour discuter d'un contrat d'association qu'il projetait de signer avec un tiers. Il prévoyait de prendre sa retraite à soixante-cinq ans et s'était imaginé que la meilleure façon d'y parvenir était de s'adjoindre un partenaire qui pourrait s'occuper progressivement de sa clientèle et à terme reprendre son cabinet. Il avait trouvé l'oiseau rare, il s'était entendu avec lui et souhaitait que je l'aide à rédiger le contrat. Ce projet, en apparence du moins, semblait le rendre heureux.

Je lui fis remarquer que pour les deux années à venir ses revenus allaient chuter puisque son cabinet ferait vivre deux personnes et qu'il faudrait un certain temps pour que le volume d'affaires traitées augmente et qu'il gagne à nouveau autant d'argent. Cela le fit tiquer. Rick ne jetait pas l'argent par les fenêtres mais il aimait vivre de façon assez dispendieuse : il possédait un superbe appartement comprenant deux chambres dans l'ouest chic de Manhattan et un cottage charmant sur la côte, dînait au moins trois fois par semaine en ville, et partait tous les ans à Londres pour la saison théâtrale.

Alors que nous commencions à analyser les détails du contrat, Rick se montra assez agressif, attitude inhabituelle chez lui. La perspective de voir son cabinet repris par un autre était de moins en moins réjouissante à mesure qu'elle se concrétisait. Il adorait son travail, il avait monté tout seul le cabinet, construit sa clientèle et subitement il semblait réaliser qu'il ne se séparerait pas sans mal de son activité. Je lui demandai alors s'il était sûr de vouloir prendre sa retraite, si, contrairement à ce qu'il avait cru, la vie ne serait pas plus difficile après. Il ne répondit pas. Je lui demandai donc comment il pensait occuper sa retraite. Il me dit qu'il n'y avait pas réfléchi. Pourquoi donc tenait-il tellement à arrêter de travailler ? Il n'avait jamais pensé à une autre solution.

Lorsque je commençai à lui exposer mes théories sur la retraite, il me regarda comme si j'étais fou à lier. Lui qui avait travaillé pendant si longtemps à élaborer des plans de retraite pour ses clients n'avait jamais soupçonné qu'il pût exister une alternative. Nous avons passé les deux mois suivants à examiner toutes les possibilités qui s'ouvraient à lui et je l'ai aidé à mettre ses idées au clair. Peu à peu, il finit par se détacher de l'idée de la retraite en réalisant qu'il n'y avait strictement aucune raison pour qu'il cesse de faire ce qu'il aimait parce qu'il allait avoir soixante-cinq ans.

Aujourd'hui âgé de soixante-six ans, Rick est toujours aussi efficace dans son travail et il a l'intention ferme de continuer à exercer aussi longtemps qu'il le pourra. Ses idées d'association ont disparu et, cerise sur le gâteau, lui-même prêche auprès de ses clients pour qu'ils adoptent des solutions alternatives à la retraite.

Il faut surmonter le complexe de la retraite

De la même façon qu'il existe un complexe militaro-industriel, il existe un complexe de la retraite et je vous propose de lancer, comme Rick, un grand coup de pied dans cette fourmilière. Ce complexe a plusieurs pôles : l'industrie des services financiers qui propose des contrats censés assurer une bonne retraite, les politiciens et les lobbyistes qui en font un instrument de séduction pour les électeurs, les entreprises qui l'utilisent pour réduire leurs effectifs et augmenter leurs profits. L'intérêt commun que trouvent ces groupes au système de la retraite nécessitera que vous vous battiez pour leur faire abandonner le droit qu'ils se sont arrogé de contrôler votre vie. Il va vous falloir contester ce qui passe conventionnellement pour une décision de bon sens. Détruire le veau d'or de la retraite sera peut-être la plus grande contribution de votre génération à la société aujourd'hui malade de ce complexe.

CHAPITRE 5

MOUREZ SANS UN SOU

Si vous m'aviez dit il y a deux ans que l'élément crucial d'une philosophie financière du XXIe siècle me serait enseigné par un client comme Craig McKay, je vous aurais ri au nez. Lorsque de nouveaux clients appellent mon cabinet pour obtenir un rendez-vous, Kim, mon assistante, leur demande d'apporter un relevé de leurs comptes, de leurs dépenses mensuelles et un état de leurs avoirs pour que je puisse me faire une première idée de leurs finances avant de leur poser des questions plus précises. Craig souhaitait acquérir des bureaux. Mon assistante, qui avait été en relation téléphonique avec lui et qui a le talent, dès la première conversation, de se faire une image souvent juste de son interlocuteur, me dit qu'elle l'avait trouvé « sûr de lui ». C'était un euphémisme poli. Si vous cherchez le mot « yuppie » dans un dictionnaire, vous verrez sûrement, en guise d'illustration, une photographie de Craig. À trente-quatre ans, il est le propriétaire d'une société multimédia spécialisée dans la création de pages web sur Internet et il a pour clients les plus grosses entreprises américaines. Craig a, je crois, déjà craqué sur tous les biens de consommation existants. Il a, il est vrai, les moyens de s'offrir ce qu'il veut. Il est célibataire, il gagne près de deux millions de francs par an, il vit seul avec ses « jouets » et une armoire pleine de costumes noirs dans un loft aménagé au-dessus de ses bureaux de New York. Il vint me voir avec le désir d'acheter le building qui abritait son appartement et les locaux de son entreprise. Au cours des deux premières minutes de notre entretien, Craig trouva le moyen de me montrer ses gadgets favoris en appelant son bureau depuis son téléphone portable et en vérifiant si son *beeper* affichait un message. Pendant ce temps j'examinai ses documents et remarquai une ligne dans une colonne des actifs : « Héritage, deux millions de francs ». Je relevai les yeux et lui présentai mes condoléances. Il me répondit : « Oh, mes parents ne sont pas encore morts, ce que vous lisez n'est qu'une estimation prévisionnelle. »

L'obsession de l'héritage, le droit à l'héritage

Même si Craig faisait montre d'un manque de cœur assez exceptionnel, beaucoup plus commun était son sentiment de propriété à l'égard des biens de ses parents. Depuis quelques années, je rencontre de plus en plus de clients qui, dans des propos flirtant avec la plaisanterie, me parlent de leur peur de voir leurs parents ruinés. L'héritage est devenu quelque chose sur lequel on compte, qu'on a toujours plus ou moins présent à l'esprit. Cette pratique existe depuis des temps immémoriaux. Les premières transmissions avaient pour objet des biens physiques le plus souvent – une ferme, un peu de terre, un commerce, des outils, de l'argenterie, des meubles... L'héritage avait alors un poids symbolique réel, une valeur de contrat intergénérationnel : le fils aîné du fermier assumait peu à peu les tâches qui faisaient vivre la famille au fur et à mesure que son père vieillissait et, à la mort de celui-ci, il prenait soin de sa mère avant de transmettre lui-même, plus tard, la ferme à son fils. Une fille recevait l'argenterie et les meubles avec l'exigence tacite d'en prendre soin et de les transmettre à la génération suivante. Le fils cadet pouvait recevoir des outils, des objets, des terrains, à la condition qu'il accepte d'en faire bon usage et qu'il les transmette pareillement. Il y avait une éthique derrière cette pratique, une vertu qui s'exprimait. Aujourd'hui, cet aspect contractuel de l'héritage a disparu. Les biens transmissibles ont désormais une nature beaucoup moins tangible que par le passé et l'arrière-plan moral disparaît bien vite lorsque c'est de l'argent qui est en jeu. L'héritage est devenu un « accident » dû à la naissance, il n'engage plus son bénéficiaire à rien d'autre qu'à en profiter. Il est maintenant considéré comme un droit n'engendrant aucun devoir.

UN FLÉAU

Mon expérience me prouve que l'héritage et même l'attente de l'héritage sont causes de problèmes qui sont dommageables aux familles, tant au donateur qu'au destinataire, et à la société en général. En outre, du fait de la fiscalité qui s'y attache, la succession est un moyen terriblement inefficace de transmettre des valeurs. Les frais et les impositions, variables selon les pays, sont généralement drastiques.

Les successions sont très souvent à l'origine de luttes familiales et d'animosité. L'attente de l'héritage perturbe les relations entre membres d'une même famille. La moindre dépense des parents peut apparaître comme un véritable manque à gagner pour les enfants. Et les parents sont souvent poussés à choisir entre l'amélioration de leur train de vie et leur désir de laisser des biens après leur mort. Tout cela n'engendre que culpabilité de part et d'autre. Hériter ou attendre un héritage érode également la motivation de chacun à travailler et à épargner.

Ces considérations pèsent toutefois peu face à un méfait de l'héritage qu'on ne saurait trop souligner et qui a une portée psychologique profonde : quel effet peut avoir sur le mental d'un quidam l'attente de voir une personne qu'il aime mourir pour profiter d'un bien ou d'une somme d'argent ? L'héritage est un fléau de l'âme.

MOURIR SANS LE SOU : LA SOLUTION POUR VIVRE BIEN

Il est aujourd'hui devenu nécessaire de combattre la philosophie de l'héritage. Il faut oublier l'idée selon laquelle vos avoirs sont faits pour être conservés et transmis à la génération suivante après votre mort. Il ne faut plus séparer votre vie financière de votre vie tout court et vous convaincre qu'il n'y a pas de dépenses heureuses après la mort. La notion d'héritage ne fait que multiplier les peurs, les culpabilités et les frustrations. Elle amène à des sacrifices quotidiens dans l'espoir d'un hypothétique bienfait futur. Elle motive la croyance selon laquelle l'argent a une valeur intrinsèque plutôt qu'un statut de simple outil. Créer et maintenir un patrimoine n'ont aujourd'hui plus d'autre effet que d'user la personne qui se tue à cette tâche. Thésauriser, c'est faire passer l'idée de sa mort avant la qualité de sa vie. Choisir de ne pas dépenser son argent, de ne pas en profiter est une attitude quasi suicidaire. Cette philosophie, qui vous imposait un programme de vie stricte et arbitraire, est aujourd'hui dépassée. Il vous faut désormais considérer vos biens et vos valeurs comme des ressources pour le présent et non plus comme des réserves pour le futur. Vous devez cesser de vous épuiser à construire un patrimoine et apprendre à mourir sans laisser un sou. Il n'y a rien d'égoïste dans cette démarche. En effet, débarrassé de la charge d'avoir à préserver vos richesses, vous pourrez d'autant mieux les utiliser pour aider votre famille et améliorer votre niveau de vie. Vous pourrez donner de l'argent à vos enfants au moment où ils en ont le plus besoin, vous pourrez leur permettre de bâtir leur vie alors qu'ils sont jeunes plutôt que de leur laisser de quoi partir en croisière quand ils seront sexagénaires. Vous améliorerez aussi notablement votre propre sort, vous pourrez vous permettre les écarts dont vous avez envie sans avoir recours à un crédit de plus pour les financer. Vous n'êtes pas une entreprise mais un être humain, votre argent ne doit donc pas vous survivre et, pour bien faire, vous devez sortir de ce monde comme vous y êtes entré : sans un sou. Vos avoirs sont des ressources à exploiter pour votre propre bénéfice et pour celui de vos proches, et chaque centime laissé sur un compte en banque le jour du grand départ est un centime que vous aurez gâché. Le dernier chèque que vous devrez rédiger, à l'ordre du fossoyeur, devra être en bois : vous aurez alors réussi votre vie. Votre priorité doit en effet être la façon dont vous vivez, non dont vous mourez. Et la solution pour vivre riche est de mourir sans laisser un sou.

Des modèles : John et Wendy Kowalski

Au cas où vous seriez tenté de croire que la philosophie que je vous expose n'est forgée que pour l'usage des riches, je vous recommande de vous pencher sur l'histoire de John et Wendy Kowalski, venus me voir il y a moins d'un an pour que je rédige leur testament. John, un ancien chauffeur de bus retraité de soixante-treize ans, et Wendy, ancienne secrétaire également retraitée, vivaient depuis quelques années sur leurs pensions vieillesse. Même s'ils n'avaient, du temps de leur vie active, jamais gagné beaucoup d'argent, ils avaient tout de même réussi à acheter un petit appartement dans un quartier peu coté de New York. Ils avaient vécu modestement toute leur existence et ils étaient inquiets pour l'avenir de leur fille de quarante et un ans, Rachel, qui était divorcée et qui élevait difficilement un fils de quinze ans prénommé Dylan. John et Wendy souhaitaient voir leurs maigres économies transmises à leurs fille et petit-fils après leur mort.

Ce qui me frappa en premier lieu était leurs conditions de vie : le bâtiment où ils habitaient n'avait pas d'ascenseur et leur petit appartement était situé au deuxième étage, conditions difficiles pour des personnes de leur âge. Leur quartier était de plus en plus insalubre. Lorsque j'ai essayé de les convaincre de profiter de leurs économies pour acheter un nouvel appartement, plus accessible, mieux situé, ils m'ont tout de suite rétorqué : « Mais et Rachel ? Et Dylan ? » J'ai mis du temps, mais j'ai réussi à leur faire comprendre, en prenant l'exemple de mes propres parents, qui avaient contracté un emprunt sur hypothèque de leur appartement pour acheter une nouvelle maison, qu'il leur était possible de venir en aide à leur fille et à leur petit-fils dès maintenant tout en améliorant leurs propres conditions de vie. Il fallait seulement pour cela qu'ils acceptent l'idée de mourir sans laisser un sou. Ce qu'ils ont fini par faire. Aujourd'hui, John et Wendy ont acheté un nouvel appartement, plus petit mais mieux équipé et mieux situé. Ils font des dons réguliers à Rachel et à Dylan, sous la forme d'une épargne pour les études de celui-ci. Ils sont même partis tous les quatre en voyage aux Caraïbes pour voir la ville où Wendy est née. John dit aujourd'hui en plaisantant que tout ce qu'il souhaite avoir en poche le jour de sa mort, c'est une pièce pour m'appeler et me dire au revoir.

UN PROGRAMME POUR MOURIR SANS LAISSER UN SOU

Vous êtes probablement plus jeune que John et Wendy et votre souci n'est pas de préserver vos avoirs mais d'en acquérir. Cela ne doit pas vous empêcher dès aujourd'hui de prendre conscience de l'importance d'acquérir ce mode de pensée.

Au cours de vos jeunes années, plutôt que de dépenser votre argent à tort et à travers, vous devez chercher à accumuler le plus d'avoirs possible, en payant au comptant et en épargnant. Cette épargne devra constituer une trésorerie de secours, rapidement accessible en cas de coup dur.

Toutefois, il est essentiel de ne pas faire grossir cette épargne aux dépens de votre confort et de celui de votre famille. Cela ne signifie pas, vous l'avez compris maintenant, acheter tous les six mois le nouvel appareillage vidéo, mais simplement ne pas se priver, ne pas se refuser des vacances ou de petites folies ponctuelles.

Outre cette épargne de trésorerie, vos autres placements devront être choisis sur la base d'intérêts à long terme, qui ne doivent pas avoir pour objectif de vous constituer un pécule pour vos vieux jours, mais plutôt de créer un réservoir d'argent sur lequel il sera possible de prélever des sommes au cas où vos revenus viendraient à chuter ou lorsque vous envisagerez une dépense particulière, et ce, quel que soit votre âge.

Puis, l'âge venu, vous devrez tout faire pour utiliser avec sagesse ces économies, c'est-à-dire en vous efforçant de les avoir réduites à néant le jour de votre disparition.

Faites-vous payer pour vivre chez vous

Si vous avez suivi mes conseils et acheté en premier lieu votre seconde maison, vous vivez dans un bien immobilier qui peut vous garantir un revenu. Une rente sur hypothèque est un prêt garanti sur votre habitat. Contrairement à l'hypothèque, elle ne consiste pas à obtenir un prêt d'un montant fixé mais à obtenir de votre créancier une rente mensuelle au cours de votre vie entière, à condition que vous ne vendiez pas votre résidence à un tiers. Ces revenus ne sont pas imposables puisqu'ils sont juridiquement définis comme des prêts. Le remboursement des prêts et des intérêts n'est dû qu'à votre mort. À ce moment-là, votre bien immobilier est vendu pour les rembourser. Le créancier prendra son bénéfice s'il y a assez, sinon, il supportera la perte. Mais vous, pendant tout le temps de votre vie, aurez reçu un loyer pour vivre sous votre toit.

Commencez à donner

Les donations en argent ou les donations-partages concernant des biens sont soumises à taxation à partir d'un plafond. Il est néanmoins possible pour chacun des parents de donner chacun 300 000 francs à leurs enfants tous les dix ans sans aucun droit de succession et aux grands-parents de donner chacun 100 000 francs dans les mêmes conditions à leurs petits-enfants. Il n'y a pas en revanche de limites aux plaisirs matériels que vous pouvez offrir à vos enfants. Rien ne vous empêche ainsi de leur donner une voiture ou de leur payer un beau voyage sans que le fisc puisse y trouver quoi que ce soit à redire.

Souscrivez une assurance décès

Il n'est pas nécessaire que vous vous inquiétiez de conserver de l'argent en vue de vos frais d'obsèques ou en prévision de vos dettes. À condition que vous ne soyez pas déjà âgé, ce qui donnerait lieu à des primes déraisonnables, souscrivez une petite assurance décès qui couvrira ces factures et vous serez ainsi en mesure de dépenser jusqu'à votre dernier centime sans crainte.

L'HISTOIRE DE CATHERINE ET DAVID GENET

Lorsque j'ai rencontré les Genet, je travaillais comme intervenant spécialiste des finances sur une chaîne de télévision. Ils étaient tous les deux interviewés sur le sujet d'une série de reportages qu'ils venaient de réaliser. Nous avons discuté ensemble et quinze jours plus tard ils sont venus me rendre visite.

David ne faisait pas ses quarante ans. Avec ses cheveux longs, son jean et ses baskets, il avait l'air de sortir tout droit de l'université. Catherine en revanche ne faisait rien pour paraître moins que ses trente-cinq ans, elle avait les cheveux courts, l'air assez sévère. David avait en charge la partie

« artistique » dans leur association, Catherine s'occupait de la production et des relations publiques. En dépit de leurs différences, ils ne faisaient plus qu'un lorsqu'il s'agissait d'aborder leur vie financière. Ils s'étaient rencontrés et étaient tombés amoureux l'un de l'autre dans une école de cinéma, où David enseignait et où Catherine était étudiante. Ils avaient vite réalisé que le domaine d'activité qu'ils s'étaient choisi – la réalisation de documentaires – n'était pas une route toute tracée vers la fortune et s'étaient en conséquence préparés à une vie simple et modeste. Au début des années 80, ils avaient acheté un appartement de type F1 au nord-ouest de Manhattan. Leur société, contre toute attente, commença alors à avoir de bons résultats. La presse et le public appréciaient leur travail, on fit de plus en plus appel à eux. Leurs revenus grimpèrent en conséquence assez vite. Ils commencèrent même à pouvoir épargner. Une petite fille, Sydney, naquit de leur union. Lorsque nous fîmes connaissance, ils souhaitaient revoir l'approche de leur vie financière. Au cours de notre entretien qui dura une heure, je leur exposai mes idées sur la nécessité d'oublier le crédit, la retraite et de mourir sans laisser un sou. Deux semaines plus tard, ils vinrent me voir à nouveau. Ils avaient décidé de changer leur façon de vivre et désiraient acheter une ferme au pied des montagnes Castkill, à trois heures de voiture de New York, et d'en faire leur maison pour le reste de leur vie. Ils voulaient que leur fille soit élevée dans un milieu sain tout en restant à quelques heures de la ville, de son environnement culturel et professionnel. Nous avons construit ensemble un plan de vie leur permettant de réaliser ce rêve. Ils ont acheté la ferme. Ils ont contracté tous deux des assurances décès qui leur permettraient, le cas échéant, de remplacer les revenus manquants pour une période de trois années.

Cela en sachant que deux ans plus tard leurs revenus seraient suffisants pour ne plus avoir besoin de cette sécurité coûteuse. Ils ont souscrit d'assez importantes assurances invalidité. Plutôt que de songer à amasser un pécule en prévision d'une retraite et à construire un patrimoine pour Sydney, ils se sont fixé pour but de « vivre une vie simple mais intellectuellement stimulante » et d'investir de façon sportive en faisant en sorte que ces investissements produisent des rentes susceptibles de remplacer la baisse de leurs revenus professionnels qui apparaîtra avec l'âge.

Le comble des bienfaits

Mourir sans laisser un sou est l'étape ultime du programme que je vous propose, qui préconise l'abandon des pratiques financières contre-productives tels l'usage du crédit et l'oubli de l'épargne, l'élimination des limites arbitraires, la retraite à soixante ans, et la fin de la croyance en l'immortalité. Finis ainsi, les crédits irraisonnés du bel âge suivis dans la deuxième partie de l'existence de remboursements forcés, d'une retraite pitoyable et pour couronner le tout de sacrifices en vue de l'héritage. Au lieu de vivre au-dessus de vos moyens en étant jeune et en dessous en étant âgé, vous vivrez ainsi votre existence entière au juste niveau de vos moyens, ce qui est clairement une attitude plus saine.

CHAPITRE 6

CHOISISSEZ VOS PROPRES VÊTEMENTS

Lorsque j'ai commencé à développer ce programme, je ne cherchais qu'à résoudre les problèmes concrets quotidiennement rencontrés par mes clients. Je voulais les aider à lutter contre le sentiment qu'ils exprimaient de ne plus avoir prise sur leur vie. Avec quatre simples axiomes – pensez dès maintenant à démissionner, payez comptant, oubliez la retraite et mourez sans laisser un sou – je leur ai permis de revoir de fond en comble leur façon de vivre et de comprendre comment et où ils s'étaient faits piéger. Le plus important et le plus réjouissant pour moi, c'est que, en suivant ces directions, ils ont retrouvé le bien-être qu'ils avaient perdu ainsi qu'une façon plus décontractée et plus saine d'envisager leur vie.

DES VALEURS PLUS SAINES POUR UN NOUVEAU MONDE ÉCONOMIQUE

Il est bon de rappeler les conséquences néfastes qu'ont sur notre existence les idées reçues qui aujourd'hui encore nous dictent trop souvent nos comportements. La vie professionnelle a envahi nos existences, à tel point que l'on a oublié que le travail sert d'abord et avant tout à gagner de l'argent pour s'assurer une vie privée confortable. Nous en étions arrivés à faire résider l'essentiel de notre valeur humaine dans notre réussite professionnelle, notre façade sociale avait pris le pas sur notre humanité.

Les facilités d'achat procurées par les cartes de crédit nous avaient fait perdre conscience de la valeur des choses. La patience, l'économie étaient devenues des vertus bonnes à mettre au rencart. La satisfaction immédiate de nos pulsions consuméristes, excitées par l'environnement publicitaire et technologique, s'était érigée en loi. L'achat et la réflexion ne faisaient plus bon ménage. Nous nous retrouvions à la fin emprisonnés par les chaînes sans fin du crédit, juste bons à payer à perpétuité pour des biens dont nous n'avions jamais eu un réel besoin. La fièvre marchande avait même atteint notre conception de la demeure. Une maison s'était transformée en un investissement avant d'être un lieu de vie et d'épanouissement.

Les lobbies de la retraite nous ont convaincus qu'il n'y avait plus de salut passé soixante ans, que ce jour-là notre existence devait définitivement s'engager sur la route d'un précipice sans retour. L'oisiveté s'est muée en un bienfait pour demain, toujours repoussé, toujours en attente ; en son nom on nous a proposé une vie entière de labeur aveugle et de sacrifices.

L'héritage a également participé à cette fiction. Il fallait toujours et encore se priver, la perspective de l'héritage prenant le relais de celle de la retraite. Vos rapports avec vos proches s'en sont trouvés bouleversés. Comment aurait-il pu en être autrement dans ce contexte où l'argent à leur donner demain passait avant l'amour dont ils ont besoin aujourd'hui ?

Je ne suis ni théologien ni moraliste. J'en serais presque l'antithèse puisque mon métier est celui d'avocat et de conseiller financier à New York. Mais je ne puis m'empêcher de songer que les valeurs peu recommandables qui ont donné naissance à ces pratiques ont contribué au déclin de nos sociétés. Même si vous ne me suivez pas sur ce dernier point, il faut en tout cas que vous réalisiez clairement qu'abandonner ces valeurs pernicieuses vous aidera à vous sentir mieux et à trouver votre place dans le monde qui s'annonce.

Choisissez votre propre chemin

Ce livre n'a pas pour seul but de vous aider à abandonner ces valeurs néfastes mais aussi à vous montrer que, contrairement à ce qu'on vous laisse entendre, il est possible de choisir. Que nous ne sommes pas obligés de sacrifier notre vie privée à notre vie professionnelle, d'acheter des milliers de gadgets, de se priver de tout durant sa vie entière pour s'assurer une retraite heureuse ou garantir un héritage à ses enfants. Plutôt que de continuer à porter les vêtements qu'on veut vous voir porter, vous pouvez tout à fait décider vous-même, en toute liberté, de la façon dont vous voulez vous habiller. Quel privilège est plus gratifiant que d'user du droit d'être enfin soi-même ? Ce que ce programme peut vous offrir, c'est avant tout la liberté. La liberté dans le nouveau monde économique. Le voyage que je vous propose ne sera peut-être pas de tout repos, mais il est infiniment préférable à la poursuite des buts désormais illusoires que la société continue, par habitude, par duplicité, de promouvoir. En mettant ce programme à l'ordre du jour, vous romprez avec des peurs sans fondement pour vous tourner vers un avenir plus radieux. Vous allez enfin pouvoir commencer à vivre pour vous, dans les meilleures conditions possibles. Avec une vue nouvelle et lucide de la société, vous aurez enfin en poche tous les atouts pour réussir votre vie.

Il faut abandonner la poursuite de la perfection

Je suis perpétuellement stupéfait du nombre de mes clients – qui comptent pourtant parmi les gens ayant le mieux réussi – qui sont insatisfaits d'eux-mêmes et de leur vie. Ils sont souvent tombés la tête la première dans les pièges tendus par la société. Quelle que soit l'étendue de leur richesse, il se trouve toujours quelqu'un de plus riche. Quelle que soit la puissance de leur ordinateur, il y a toujours quelqu'un qui en possède un plus puissant. Leur succès, si éclatant soit-il, ne les empêche pas de regarder chez le voisin comme s'il y avait une compétition qui n'admettait qu'un seul gagnant, un seul élu, rejetant tous les autres dans la fosse des perdants. Ils sont convaincus que la maison parfaite, le métier le plus gratifiant, la voiture idéale sont toujours ailleurs et qu'ils doivent tout faire pour mettre la main dessus.

Cette folle poursuite de « la perfection » est une cause de déceptions permanente. Ils sont évidemment coupables d'agir ainsi mais la vraie responsabilité incombe à l'environnement dans lequel ils ont été élevés. Des règles non écrites, qu'ils ont suivies à la lettre, leur imposaient un « plus » perpétuel. Il leur fallait prendre plus de responsabilités, plus de grade, avoir un salaire plus élevé ; avoir une voiture plus récente, une paire de baskets ou un ordinateur plus à la mode, plus de moyens de communication. Il fallait toujours en faire plus, en avoir plus, pour s'assurer une retraite heureuse, pour laisser un héritage convenable. Évidemment, en respectant ces règles plutôt qu'en suivant leur instinct, ils ont pris le chemin du stress, de l'insatisfaction et de la dépression. Pour s'en remettre ou s'en guérir, ils retombaient dans le piège ; la solution demandait encore des efforts, encore des sacrifices, comme si le bonheur était tout de même, bien caché, au bout de cette route-là. Il est grand temps de s'apercevoir que ce chemin est celui que la société vous impose et non le vôtre, que depuis toujours vous faites fausse route. Le bonheur est ailleurs. Le vôtre en tout cas. Les seuls bienfaits de cette folle équipée vont au final à la société qui n'hésite pas au bout du compte à vous laisser sur le côté du chemin. Adopter les objectifs valables pour la société n'a fait que vous transformer en incarnation moderne de Sisyphe et vous poussez continuellement le même rocher jusqu'au plus haut point de la montagne. Le temps est venu de choisir vos propres objectifs. Les quatre axiomes que je vous propose ne vous satisfont peut-être pas complètement. Là n'est pas leur but. Ils sont là pour vous montrer qu'un choix est possible, qu'il y a d'autres routes, des alternatives à la vie que vous menez, et que peut-être le bonheur que vous ne trouvez pas dans votre vie actuelle se situe sur une de ces autres routes. Il n'y a rien de plus urgent et de plus important pour vous que de vous fixer des objectifs qui vous soient propres, dussent-ils être en contradiction avec ces règles que la pression sociale nous pousse à croire immuables. Le monde change plus vite que la société. N'attendez pas qu'elle change pour dès aujourd'hui vous fixer des objectifs nouveaux, plus en phase avec l'époque, adaptés aux nouvelles circonstances. Peut-être aurez-vous alors fait les premiers pas sur le chemin du bonheur.

CHAPITRE 7

UN PROGRAMME EN CINQ PHASES

Le temps est venu maintenant de faire la transition entre l'exercice intellectuel et la phase pratique de mise en place des axiomes que je vous propose. Les cinq phases qui vont suivre ne sont évidemment qu'une suggestion. Il serait hypocrite de ma part de reprocher comme je le fais l'absence de liberté de choix dans notre société pour immédiatement ériger un nouveau dogme. Vous trouverez donc ci-après de grandes lignes directrices dont vous pouvez vous inspirer quels que soient votre âge et votre situation. Il n'y a aucune obligation dans les phases qui suivent, vous pouvez les adapter à votre gré, passer de l'une à l'autre, revenir à la précédente si vous n'avez pas atteint les objectifs fixés ou passer à la suivante, la seule contrainte étant de toujours aller de l'avant.

Phase une : établissez votre campement

Mauvaise nouvelle : choisir de vivre à l'exacte mesure de ses moyens, comme je vous le propose, présente des risques que ne connaissent pas ceux qui vivent en dessous de leurs moyens.

Bonne nouvelle : en vous préparant convenablement, vous pouvez éliminer ces risques. La première étape du programme consiste à établir un campement dans lequel sera stocké tout ce dont vous pourrez avoir besoin.

Il est d'abord essentiel de se constituer la trésorerie nécessaire au paiement de trois mois de factures. Cette réserve sera la bienvenue en cas de licenciement ou de maladie.

Il faut ensuite contracter une bonne assurance en cas d'invalidité. Si d'aventure vous ne pouviez plus exercer votre activité, il est essentiel que votre vie financière n'en soit pas bouleversée pour autant. Réexaminez aussi dans cette phase votre assurance maladie ainsi que vos mutuelles et renseignez-vous afin de savoir s'il n'en existe pas de plus compétitives.

Le moment est venu : rédigez un nouveau curriculum vitæ et mettez-vous dès maintenant à la chasse d'un nouvel emploi plus rémunérateur ou plus proche de vos aspirations. La recherche permanente d'un emploi est un réflexe nécessaire au XXIe siècle, un exercice continuel indispensable à votre sécurité.

Votre réserve de trésorerie faite, vos assurances en règle et votre curriculum vitæ envoyé, faites l'analyse hebdomadaire de vos dépenses courantes. Débarrassez-vous ensuite de vos cartes de crédit et payez vos achats comptant, avec le liquide retiré chaque semaine à la banque. Voyez les pôles où vous pouvez économiser, ressentez la nécessité absolue de chacune de vos dépenses, cherchez à réduire celles qui sont superflues. Mettez l'argent ainsi économisé chaque mois sur une sicav monétaire, cela est indispensable pour la phase deux.

Formalisez vos rapports avec votre conjoint pour ce qui concerne la gestion des biens en commun. Prenez toutes vos dispositions, sans oublier, si ce n'est déjà fait, de rédiger votre testament. Puisque vous en êtes aux sujets agréables, prenez vos dispositions pour vos funérailles – vos souhaits doivent être mis par écrit.

Si vous avez des enfants, apprenez-leur en même temps que l'alphabet les grandes règles du nouveau monde, en particulier faites-leur prendre conscience que l'argent n'est qu'un outil et rien d'autre. Si vos enfants ne sont pas en âge de se prendre eux-mêmes en charge, souscrivez une assurance décès à leur profit.

Une fois ces démarches accomplies et votre compte sicav monétaire ouvert et approvisionné, vous pouvez passer à la phase deux.

Phase deux : match aller gagnant

Commencez par trouver un bon conseiller financier à qui vous expliquerez les principes qui dorénavant devront gouverner votre vie économique. Programmez et mettez au point ensemble un programme d'investissement en accord avec vos revenus et votre mode de vie, en gardant bien à l'esprit que vous ne prendrez pas votre retraite. Réduisez les risques au maximum afin de ne pas être pris au dépourvu. Placez, économisez, épargnez, investissez le plus d'argent possible sans inquiétude : vous en profiterez toujours assez vite. Si vous n'êtes pas encore propriétaire, commencez à penser à la maison qu'il vous faut pour passer le reste de vos jours. Si vous avez suffisamment d'argent pour l'acheter sans crédit, allez-y sans hésitation. Souscrivez une bonne assurance pour votre domicile.

Si vous avez des enfants en bas âge, commencez à placer de l'argent pour leurs études, sous forme d'obligations par exemple. S'ils sont plus âgés, aidez-les à créer leur propre portefeuille de placements.

Afin d'investir le plus possible et au mieux, il est nécessaire de s'assurer d'avoir les plus hauts revenus auxquels vous pouvez prétendre. Continuez sans cesse votre chasse à l'emploi, il serait dommage de passer à côté d'une belle augmentation de salaire pour cause de négligence. Faites en sorte de ne jamais gagner autant d'argent que l'année précédente, mais toujours plus, même si cela signifie un changement de société. Si vous êtes patron, ayez le même état d'esprit, sans hésiter, si nécessaire, à opérer une reconversion.

Phase trois : admirez le panorama

Lorsque vous avez atteint un niveau de revenus conséquent, n'oubliez pas de regarder le panorama. Continuez évidemment vos investissements, choisissez si vous le voulez quelques placements plus agressifs, plus rémunérateurs, mais n'oubliez pas de profiter de la vie.

Vous pouvez par exemple envisager l'achat d'une résidence secondaire où vous pourrez aller passer des vacances reposantes. Ou bien prenez une rente hypothécaire, de manière à financer des travaux d'agrément dans votre maison. L'heure est peut-être venue de faire un don à votre enfant, pour qu'il puisse acheter sa maison ou monter son entreprise. Payez-lui le voyage de ses rêves. Ne vous endormez pas sur vos lauriers si vous pensez avoir atteint le niveau de revenus maximal, et passez à la phase quatre.

Phase quatre : match retour gagnant

L'heure est venue de récolter ce que vous avez semé lors de la phase deux. Plutôt que de conserver vos avoirs comme le veut la tradition, faites-en une source de revenus.

Avec l'aide de votre conseiller financier, transformez vos investissements en une rente régulière qui viendra compenser le déclin de vos revenus professionnels et vous permettra de conserver le même niveau de vie. N'oubliez pas les dons que vous pouvez faire à votre famille. Continuez surtout à travailler, le plus longtemps possible, dans le domaine qui vous plaît. Passez s'il le faut ou si vous le voulez à un travail à mi-temps. Vous êtes prêt pour la phase cinq.

Phase cinq : la dernière ligne droite

Il est temps maintenant de vous assurer que vous allez bien mourir ruiné. Accélérez le rythme de vos dépenses – dons à vos enfants, petites folies pour vous rendre la vie agréable, etc. Si d'aventure vous craignez de manquer d'argent, vous pouvez hypothéquer encore mieux votre maison pour vous assurer des revenus. L'important dans cette phase étant tout de même, vous l'aurez compris, de vous rendre la vie agréable et d'améliorer celle de vos proches.

Quelques pensées d'adieu

Si vous avez choisi d'adopter ce canevas, il est essentiel de garder trois choses en tête.

Premièrement, il est capital de toujours mesurer les risques que vous prenez. C'est pourquoi il vous faut être le mieux couvert possible par des assurances de toute nature.

Deuxièmement, préoccupez-vous toujours plus de vos revenus et de vos dépenses que de vos avoirs. Contrairement aux traditionalistes qui ont sans cesse l'œil rivé à leur patrimoine, l'important pour vous est de voir de quelle façon vous pouvez les transformer en source de revenus pour mener une existence meilleure. Rappelez-vous que vous devez mourir sans laisser un sou ni un seul bien derrière vous, tout aura dû être dépensé au cours de votre vie.

Enfin, rappelez-vous que vous ne devez rien à personne hormis à vous-même et aux vôtres. La vie n'est pas une épreuve sportive où il faut absolument arriver le premier. Seule votre trajectoire compte pour vous, peu importent les chemins empruntés par les autres. Ne vous laissez donc pas influencer par les pratiques dites courantes ni par une émulation sans fondement. Faites ce que vous avez décidé de faire pour vous et pour vos proches. Et dites-vous qu'à votre mort votre legs sera impalpable mais inestimable.

Deuxième partie

Mettre la théorie en pratique

INTRODUCTION

Accepter et comprendre une théorie est une chose. La mettre en pratique en est une autre. Cela est particulièrement vrai lorsqu'il s'agit de mettre en application une théorie aussi révolutionnaire que celle que je vous soumets. Il y a de nombreuses encyclopédies sur le marché consacrées aux façons de gérer ses finances ; toutes sont basées sur des règles que cet ouvrage propose de bouleverser. Aussi, si vous étiez un de mes clients, je vous dirais volontiers de m'appeler chaque fois que vous avez une question à me poser. Mais vous êtes mon lecteur, non mon client, et je ne puis, après avoir mis sens dessus dessous vos conceptions des finances personnelles, me contenter de vous laisser faire votre chemin sans vous livrer quelques détails pratiques indispensables : c'est la raison d'être de cette deuxième partie.

Celle-ci propose un survol rapide de quelques aspects de la vie financière. Je ne prétends évidemment pas à l'exhaustivité, je me suis contenté d'approcher les principaux domaines dans lesquels mon avis diffère de ceux généralement proférés. Pour le reste, vous pourrez sans mal consulter un guide financier classique en conservant à l'esprit les quatre axiomes principaux que nous avons étudiés, qui vous obligeront parfois à adapter les pratiques courantes dans le sens de notre programme.

Certains des chapitres traités ici vous sembleront parfois succincts, beaucoup plus réduits que ce qu'on peut trouver dans les guides classiques. C'est un parti pris. En effet, je n'ai pas voulu par exemple expliquer pendant des pages et des pages la procédure concrète à suivre pour contracter une hypothèque, je me suis contenté de traiter des perspectives offertes par l'hypothèque dans le cadre de notre programme. Vous trouverez facilement ailleurs les informations complémentaires. Le souci du détail ne m'a guidé que pour les sujets où j'ai estimé qu'il y avait pénurie flagrante d'informations dans les autres guides – comme les rentes. J'ai essayé de traiter les chapitres qui suivent à la manière d'une conversation téléphonique. Un peu comme si vous me téléphoniez pour me demander par exemple : « À votre avis, dois-je prendre une assurance invalidité ? » Ce que je vous répondrais est consigné dans le chapitre intitulé « Assurance invalidité ». Vous savez tout, vous pouvez maintenant passer à la phase pratique de notre programme.

CHAPITRE 1

COMPTABLES

Certaines catégories de personnes, obsédées par leur profession ou leur centre d'intérêt, ne voient le monde qu'en une seule et unique dimension. J'ai par exemple un ami dentiste qui vit seul et à qui ma femme et moi présentons régulièrement des amies afin de le sortir de son célibat. Après chacune des soirées que nous passons ensemble, lorsque nous l'appelons pour lui demander son avis sur l'amie en question, il nous fait toujours le même genre de réponse, dans le style : « Elle a un problème de carie. » Il ne voit pas une personne, il voit une dentition. C'est le travers de la majorité des comptables. Leur obsession porte sur les impôts et les façons de les éviter.

Je suis convaincu que leur concours est essentiel à toute bonne gestion. Ils sont habitués à déceler toutes les occasions de défiscalisation et de réduction d'impôts, on peut leur faire confiance sur le sujet. Mais je vous déconseille de faire de votre comptable votre conseiller en matière d'investissements. Même s'il est important, lorsqu'on échafaude un plan financier personnalisé, de se préoccuper de fiscalité, ce n'est là qu'un des nombreux paramètres à prendre en compte et pas le plus essentiel. Une des particularités des adeptes de mon programme est que ceux-ci ont à cœur de transformer leurs avoirs en source de revenus la plus importante possible et non de conserver à tout prix leur capital. Or, ce concept est étranger à la plupart des comptables. Ceux-ci sont formés à protéger les avoirs et à s'assurer que les biens seront transmis d'une génération à une autre sans qu'ils soient trop fortement taxés. Ce qui nous intéresse, nous, est d'utiliser nos biens au maximum et non pas de les préserver. Trouvez-vous donc un bon expert-comptable et appelez-le pour toutes les questions d'ordre fiscal. Écoutez son avis sur la conservation des papiers officiels et sur les déclarations de toutes sortes, mais s'il vous prodigue des conseils d'investissement, déclinez poliment et laissez cela à votre conseiller financier, seul habilité à vous diriger en ce domaine (voir chapitre 14).

CHAPITRE 2

RENTES

Les rentes se situent aux deux extrêmes du spectre traditionnel des finances personnelles. La première catégorie, celle des rentes à paiement constant, est perçue comme le plan de retraite sans risque favori des vieilles tantes aisées. L'autre catégorie, celle des rentes à paiement variable, passe pour être la favorite des investisseurs rapaces séduits par sa capacité à éviter l'imposition. Dans la perspective de notre programme, les rentes occupent une place centrale.

La réaction principale de mes clients, lorsque je leur expose mes axiomes, se présente sous la forme d'une question, toujours la même : « Comment puis-je être sûr d'avoir de l'argent jusqu'à ma mort ? » C'est là que les rentes entrent en scène en tant que produits « d'assurance longévité ».

TOUT CE QUE VOUS AVEZ TOUJOURS VOULU SAVOIR SUR LES RENTES

Une rente bien choisie est un contrat vous garantissant un revenu à vie. Généralement, il est contracté entre un particulier et une compagnie d'assurances, bien que d'autres sortes d'institutions ou d'organismes en proposent, telles la Caisse Nationale de Prévoyance ou les caisses autonomes mutualistes en France.

La variété des rentes

Les rentes proposent un revenu appelé arrérage. Le rendement d'une rente peut être connu dès la signature du contrat ou être variable en fonction des performances d'un portefeuille boursier auquel elle est liée. Les rentes peuvent être contractées en versant une somme forfaitaire à l'assureur (rente viagère immédiate) ou en versant plusieurs sommes durant une période prédéterminée, par exemple en cotisant tous les mois pendant quinze ans. Certaines sont rémunératrices dès leur création (rente viagère immédiate) ou sont prévues (rente différée) pour ne vous rapporter d'argent qu'au bout de plusieurs années.

Les rentes proposent aussi des options quant à la durée de leur rémunération. On parle de rente viagère lorsque les arrérages cessent à la mort du rentier. On parle de rente temporaire si les arrérages sont limités dans le temps. Si le rentier décède et qu'il ait choisi une rente réversible, son conjoint, ses enfants ou toute personne désignée par celui-ci peuvent en profiter. Toutes ces variables offrent des possibilités de combinaisons qu'il faut savoir exploiter au mieux.

Les avantages et les désavantages de la rente

Les rentes présentent trois avantages notables :

• Les rentes sont les seuls produits financiers au monde à pouvoir offrir un revenu jusqu'au jour de votre mort. Il est tout à fait possible de survivre à la durée d'existence d'un revenu issu de tout autre type d'investissement ; que ce dernier soit risqué ou prudent ne change rien à ce défaut majeur. Avec une rente bien choisie, vous pouvez être sûr de ne jamais lui survivre. Elle est une parfaite assurance longévité.

- Les rentes dont le taux d'arrérage est fixé dès la signature du contrat offrent un revenu garanti. Le marché boursier peut bien s'écrouler, ces revenus sont assurés et constants.
- Fiscalement, les revenus de la rente ne sont à déclarer que partiellement. Le pourcentage taxable varie en fonction de l'âge du rentier au moment où il commence à percevoir ses arrérages. Plus vous êtes âgé, moins la partie de vos revenus à déclarer sera importante. Cet avantage fiscal trouve son explication dans le fait que le fisc considère que vos arrérages sont des remboursements de l'argent que vous avez versé à l'assureur et qu'ils ne peuvent donc être assimilés tout à fait à des revenus.

Bien sûr, rien n'est parfait en ce bas monde, pas même cette baguette magique qui a quelques défauts :

- Les rentes sont irrévocables. Une fois que vous avez versé l'argent à l'assureur il ne vous le rendra pas en dehors du cadre temporel fixé par le contrat.
- Même si le revenu des rentes est garanti, il ne fera peut-être pas bonne figure face à l'inflation, et un revenu confortable en 2000 ne sera peut-être, après dix ans d'inflation élevée, qu'un revenu négligeable en 2010. Les revenus fixes sont toujours, par nature, une demi-bénédiction.
- Une rente n'est sûre que dans la mesure où l'assureur auprès de qui vous l'avez contractée est lui-même solvable.

Un des risques les plus fréquemment évoqués au sujet de la rente est que vous pouvez mourir peu de temps après l'avoir signée, en avoir peu profité et laisser à votre décès tout votre argent dans les mains de l'assureur sans que votre famille puisse le récupérer. Ce n'est pas totalement vrai et la rente peut être réversible ou réductible, c'est-à-dire profiter en partie (à déterminer à la signature du contrat) à votre conjoint ou à vos enfants. Si vous êtes décidé à appliquer mon programme jusqu'au bout, cet aspect des choses a peu d'intérêt pour vous. Après tout, c'est également typiquement le genre de risque que vous prenez lorsque vous souscrivez une assurance.

Par ailleurs, il ne faut pas avoir peur de l'argent immobilisé. Si vous avez bien assuré votre maison, votre voiture, votre responsabilité civile et si vous avez une bonne couverture maladie, vous êtes protégé contre les coups durs financiers. Cela atténue les défauts inhérents à la nature irrévocable de la rente. En étant bien couvert, vous n'aurez pas besoin de cet argent en cas de difficultés.

Le risque d'inflation corollaire de la rente peut être atténué par une stratégie sensée d'achat de rente. Je me propose de vous décrire cette stratégie un peu plus loin. On peut la résumer ainsi : n'acheter que les rentes dont vous avez besoin et les acheter le plus tard possible.

Pour finir, le risque d'insolvabilité de l'assureur peut être réduit à néant grâce à une bonne information. Je m'expliquerai aussi sur ce point un peu plus loin.

La stratégie du choix de la rente

Une stratégie simple en six étapes vous permettra de tirer le meilleur parti possible de la rente en en minimisant les défauts.

N'achetez que des rentes viagères immédiates dont les arrérages sont déterminés

Ce genre de rentes offre toutes les caractéristiques dont vous avez besoin. Elles sont rédigées simplement, ce qui rend la comparaison de différentes propositions aisée.

Achetez-les aussi tard que possible

Plus vous serez âgé au moment de votre achat de rente, plus le taux de retour sera important et plus large sera la part des revenus que vous n'aurez pas à déclarer. Le bon moment pour penser à acheter une rente est celui où vous constatez que vos revenus professionnels ne sont plus suffisants à eux seuls pour maintenir votre niveau de vie.

Puisque vous n'avez pas l'intention de prendre de retraite, vos revenus professionnels existeront toujours passé la soixantaine, mais il est plus sain de supposer, parce que vous l'aurez choisi ou parce que cela vous sera imposé de l'extérieur, qu'ils diminueront et seront inférieurs à ceux que vous aurez connus vers cinquante ou cinquante-cinq ans. Bien que le choix exact du moment auquel vous devrez envisager d'acheter votre première rente variera selon les circonstances, on peut considérer grosso modo que votre soixante-dixième anniversaire sera la bonne période. À ce moment-là, vous aurez une idée claire de vos dépenses et de vos revenus futurs.

N'achetez que ce qu'il vous faut au moment où il vous le faut

Le simple fait de voir, vers soixante-dix ans, vos revenus chuter ne doit pas vous pousser à convertir d'un coup tout votre portefeuille boursier en rentes : dans la mesure où une rente est irrévocable dès son achat, vous pourriez vous condamner ainsi à passer le reste de votre vie sans profiter des autres bonnes opportunités boursières. Tant que vous n'aurez pas un besoin impératif de revenus, placez plutôt votre argent en actions. L'approche la plus sensée consiste à ne vendre, pour faire l'acquisition de votre rente, que des placements d'épargne qui ne sont pas investis en actions.

Le jour venu, il est important d'acheter une rente qui compensera au plus juste la diminution de vos revenus professionnels, ni plus ni moins. Puis, lorsque vous verrez à nouveau baisser vos revenus en dessous du niveau de vie que vous souhaitez, achetez une nouvelle rente. Comme vous aurez attendu et que vous serez un peu plus vieux, vous bénéficierez automatiquement d'un arrérage plus confortable, vous aurez ainsi remédié à l'impact de l'inflation sur vos revenus et vous déclarerez une partie moins importante de la rente. Renouvelez ensuite cette opération autant de fois que nécessaire jusqu'à transformation intégrale, le plus tard possible, de votre portefeuille d'investissements en rentes. N'écoutez pas les conseillers qui s'alarmeront en voyant ainsi fondre votre capital, ils n'ont pas le même point de vue que vous. Vous ne voulez pas conserver votre capital, vous voulez l'utiliser au mieux. Et acheter des rentes est la meilleure façon de bien vivre et de ne rien laisser derrière soi.

N'achetez de rentes qu'auprès des assureurs les mieux cotés

Le point essentiel dans l'achat d'une rente est d'être bien sûr que celui qui vous la vend sera en mesure de vous payer vos arrérages tout au long de votre vie. Même si l'État peut suppléer aux assureurs lorsque ceux-ci ne sont plus solvables, il est préférable de ne pas tabler sur cette aide. Le mieux est encore de vérifier personnellement la bonne santé de celui qui va vous vendre la rente. Prenez donc toutes les informations nécessaires.

Faites le tour du marché avant d'acheter

Surtout ne vous précipitez pas chez le premier venu pour acheter votre rente. Il existe des écarts de prix et de rentabilité très sensibles. Les assureurs, en fonction de leurs projets d'investissements et de leur prévision de bénéfices, proposent en effet des arrérages très différents pour des personnes d'âges et de moyens équivalents. Internet peut être un bon outil pour vos recherches et vous permettra de comparer les propositions émanant de plusieurs organismes.

Les couples doivent opter pour des rentes réversibles ou réductibles

Ce n'est pas parce que l'un des époux a réussi à mourir sans laisser un sou que l'autre devra vivre sans un sou. Si vous êtes marié ou si vous vivez avec quelqu'un, les rentes réversibles ou réductibles vous permettront de vous assurer qu'à votre mort une partie ou la totalité des arrérages dus sera versée à votre conjoint. Avant de signer l'achat de votre rente, n'oubliez pas de chiffrer la baisse des dépenses qui résultera de la disparition d'une des deux personnes du couple et comparez les contrats pour choisir le plus avantageux.

CHAPITRE 3

RÉPARTITION DES ACTIFS

Presque tous les livres et les magazines consacrés aux finances personnelles proposent de jolies formules de placements censées vous offrir selon votre âge et les risques que vous voulez prendre la meilleure combinaison d'actions, de dettes et de liquidités possible. Il y a des sociétés de courtage qui se sont fait un nom en créant des logiciels de gestion programmée dans lesquels il suffit de rentrer les données concernant leurs clients pour qu'en sorte aussitôt une « formule idéale de placement personnalisée ». Tout cela n'a à mon avis aucun sens. Le but premier des quatre maximes que je vous ai livrées au début de cet ouvrage – démissionnez, payez comptant, ne prenez pas votre retraite, mourez sans laisser un sou – est de vous donner la liberté de faire vos propres choix. Cette liberté concerne bien entendu aussi vos placements. Ce livre ayant pour objectif de vous détacher de vos chaînes et non de vous en forger de nouvelles, ne comptez pas sur moi pour vous dire quelle part de votre épargne vous devez consacrer à la Bourse. Si vous voulez dépenser votre argent en vous offrant des voyages, cela vous regarde. Si vous préférez le consacrer à l'achat d'actions d'une société spécialisée dans la recherche pharmaceutique, cela vous regarde aussi. Cela dit, si vous souhaitez constituer un portefeuille d'actions, il y a trois facteurs essentiels à ne pas perdre de vue.

Vous allez vivre longtemps

L'espérance de vie s'allonge sensiblement d'année en année. Si vous prenez soin de votre santé, vous vivrez probablement jusqu'à quatre-vingts ans ou plus. Or, la plupart des formules de placement proposées clés en main ne semblent pas intégrer ce facteur. On vous pousse souvent à réaliser vos actions dès que vous avez atteint la cinquantaine. On vous incite ainsi à ralentir votre croissance financière au moment où celle-ci est la plus forte. Il est préférable selon moi de ne pas opérer de changement avant la soixantaine. Ensuite, plutôt que de réaliser vos actions, mieux vaut les changer pour d'autres actions aux risques moins importants. Changez par exemple vos actions spécifiques à un secteur d'activité (industrie informatique, produits pharmaceutiques, banques...) en actions intégrées à un indice boursier (CAC 40, Dow Jones...).

Tout le monde doit avoir des créances dans son portefeuille boursier mais, si vous avez l'intention de faire croître votre fortune pour vivre confortablement jusqu'à quatre-vingts ans et plus, vous ne pouvez pas compter sur les obligations. Considérez-les comme une des mailles de votre filet de protection (voir deuxième partie, chapitre 7), mais n'optez pas exclusivement pour elles. Pour ce qui est de la sécurité, mieux vaut être très bien assuré que de compter sur des produits aisément réalisables.

Vous ne cesserez pas de travailler à soixante ans

Presque toutes les formules de placement traditionnelles tablent sur le fait que les revenus professionnels s'éteignent brusquement à l'âge de la retraite. Cela ne sera pas vrai pour vous si vous avez choisi de mettre en œuvre ce programme. Il est impossible de savoir par avance si à soixante ans vos revenus seront les mêmes qu'aujourd'hui, ce qui est sûr c'est qu'ils existeront. Cela vous évitera, dès votre soixantième bougie soufflée, de transformer vos actions en obligations.

Ces formules de placement traditionnelles prévoient que vos pensions de retraite ne seront pas suffisantes pour compenser la perte de vos salaires. C'est pour cette raison qu'elles vous suggèrent de transformer votre portefeuille boursier en valeurs génératrices de revenus réguliers et sûrs. Ne soyez pas aussi hâtivement précautionneux. Vous pourrez probablement attendre votre soixante-dixième anniversaire avant de commencer à puiser dans vos valeurs. À ce moment-là vous trouverez certainement plus judicieux de transformer vos actions en rentes plutôt qu'en obligations. En faisant ainsi, non seulement vous vous assurez des revenus plus importants mais vous échapperez à la perspective de laisser de l'argent derrière vous.

L'immortalité financière ne vous intéresse pas

Les formules de placement traditionnelles sont conçues dans le souci de préserver vos valeurs en vue d'une succession. C'est également pour cela aussi qu'elles préconisent, lorsque vous prenez de l'âge, de transformer vos valeurs en obligations sûres. Vous ne vous préoccupez pas pour votre part de l'immortalité financière. Vous ne souhaitez que vivre à l'exacte mesure de vos moyens et utiliser votre argent pour votre plaisir et celui de vos proches. Cela vous conduit à dédaigner les créances et à privilégier pour cette raison aussi les rentes et les rentes sur hypothèque, qui sont des techniques visant à exploiter plutôt qu'à protéger un patrimoine. Renoncer à l'immortalité financière est une des clés qui vous permettront d'avoir des revenus tout le long de votre vie.

Un canevas plutôt qu'une formule préétablie

Il n'existe pas de formule de placement toute faite pour votre cas. Il y a juste un canevas de base que l'on peut résumer ainsi : faites grossir vos avoirs grâce aux actions ; conservez des créances aisément transformables en liquide en cas de coup dur (voir chapitre 7) ; lorsque vous arriverez à l'âge où vos revenus du travail cesseront de croître, commencez à transformer vos actions en rentes afin de compenser cette baisse ; continuez progressivement sur cette voie, ajoutez peu à peu les rentes hypothécaires. Lorsque tous vos avoirs auront ainsi été convertis en source de revenus, vous serez prêt à mourir sans laisser un sou et en ayant profité au maximum de votre argent.

CHAPITRE 4

DISTRIBUTEURS DE BILLETS ET CARTES

Depuis deux décennies, les distributeurs automatiques de billets de banque sont omniprésents. Ces machines à sous ont envahi les supermarchés, galeries marchandes, gares, aéroports... On en trouve même dans les hôpitaux.

Utilisées judicieusement, ces machines peuvent constituer un excellent moyen de pallier une situation d'urgence, comme un téléphone portable peut sauver une vie. Mais, à l'instar d'un téléphone portable, il est difficile de ne pas en abuser et je me suis rendu compte que la plupart de mes clients sont incapables de me préciser où vont les deux tiers de l'argent liquide retiré chaque mois au distributeur. Il est si facile de retirer des billets partout et à tout moment ! Avant l'apparition de ces machines, les gens avaient l'habitude d'aller à la banque pour retirer une somme souvent similaire d'une semaine sur l'autre. Ne souhaitant ou ne pouvant venir chaque jour retirer du liquide au guichet, ils étaient obligés de calculer la somme approximative dont ils allaient avoir besoin dans la semaine qui venait. Ils surveillaient ensuite de près l'évolution de l'argent retiré afin de ne pas avoir à retourner à la banque plus tôt que prévu. Le distributeur a transformé ce processus. Maintenant l'argent est partout, n'importe où et on n'a plus à calculer ce qui nous reste pour les jours qui suivent. Sans éprouver un penchant particulier pour le sadisme, je crois néanmoins que les idées de contrainte et de douleur associées à la dépense de l'argent ne sont pas une mauvaise chose.

Je vous suggère donc de sortir votre carte de retrait de votre portefeuille et de la laisser chez vous. Et pour ce qui est du liquide, appliquez l'ancienne méthode et allez chaque semaine à la banque. Cela vous aidera à calculer au plus juste vos dépenses de la semaine et à essayer de vous conformer à ces prévisions. Et si le dernier jour vous n'avez plus de quoi vous payer un café, rappelez-vous que la caféine de toute façon n'est pas bonne pour la santé.

CHAPITRE 5

ASSURANCE AUTOMOBILE

La seule chose au monde qui rende agréable un voyage en bus ou en train est la lecture d'un devis d'assurance automobile. Non seulement les coûts sont élevés mais, qui plus est, l'industrie de l'assurance est très régulée et vous êtes en conséquence obligé de choisir entre des polices assez similaires, ce qui rend votre marge de manœuvre très étroite.

Dans votre choix d'une police vous pouvez toutefois tenir compte de plusieurs éléments qui permettent de réduire sensiblement l'addition :

- Avez-vous déjà une assurance invalidité ? Si oui, faites en sorte que votre assurance auto ne vous oblige pas à payer une seconde fois cette protection.

- Avez-vous déjà une assurance pour votre maison ? Si oui, vérifiez que cette police ne couvre pas déjà d'éventuelles effractions commises sur votre voiture si celle-ci est garée dans votre garage ou dans votre jardin.

- Votre voiture est vieille ? Ne perdez pas de vue que certaines polices peuvent tenir compte de la vétusté. Et surtout vérifiez bien qu'en cas d'accident les remboursements auxquels vous aurez droit pour effectuer les réparations ne sont pas indexés sur la valeur de votre voiture à l'argus.

- Certaines compagnies d'assurances proposent des listes de voitures qui donnent lieu à de faibles primes. Procurez-vous-en une. Si vous n'êtes pas un accro des voitures, autant en acheter une qui rassure votre assureur.

CHAPITRE 6

CRÉDIT AUTO

Si malgré mes conseils vous décidez de prendre un crédit pour l'achat d'une voiture, rendez-vous au moins le service de comparer les prix et les taux d'intérêts. Méfiez-vous des prêts à taux variables : même s'ils sont au départ plus intéressants que les taux fixes, ils peuvent connaître une hausse sans limites. De plus les taux n'ont jamais été aussi bas qu'aujourd'hui et on peut raisonnablement penser que le palier est atteint. Aussi des taux fixes vous garantiront d'avoir fait une bonne affaire sans connaître le stress attaché aux taux variables. Surtout, n'utilisez pas un emprunt garanti sur la valeur de votre maison pour financer l'achat de votre voiture. Vous prendriez alors le risque d'utiliser un bien rentable pour acheter un bien moins rentable. La valeur de votre maison est une cartouche que vous ne devez pas gâcher inconsidérément. Je vous rappelle qu'elle ne devra être exploitée que pour augmenter vos revenus et non pas pour acheter vos biens de consommation.

CHAPITRE 7

BONS ET OBLIGATIONS

Vous savez que je recommande de placer l'épargne sous forme de fonds communs de placement en actions et de sicav à conserver le plus longtemps possible. Ce qui ne signifie nullement qu'il faille totalement oublier les bons et les obligations. Aujourd'hui, il semble que tout le monde ait été convaincu d'investir dans le marché des titres et des valeurs. Trop nombreux sont ceux qui, parmi mes clients habitués à voir leurs placements en actions se valoriser de 10 % par an, dédaignent les bons et obligations. C'est une grosse erreur. Si les actions constituent, dans le contexte actuel, un bon placement à long terme, leur évolution à court et moyen terme est en revanche par nature plus erratique.

Même si la valeur des bons et obligations ne connaît pas de progressions aussi fulgurantes que celles des actions, elle a l'avantage de ne pas connaître non plus de chutes dramatiques. Des obligations ou des bons du Trésor, lorsqu'ils offrent un taux de retour avoisinant 7 %, ne sont pas à mépriser. Ne commettez pas l'erreur de comparer le rendement d'une action au rendement d'une obligation, ce qui revient à comparer une orange à une pomme. La sécurité offerte par une obligation ou un bon reste un atout majeur.

CHAPITRE 8

CERTIFICATS DE DÉPÔT

Le certificat de dépôt est l'investissement le plus prudent qui soit. Il consiste à déposer une somme d'argent à votre banque en vous engageant à ne pas y toucher pendant une période qui varie d'un mois à quelques années. Au terme de celle-ci, la banque vous restitue votre argent augmenté d'un intérêt dont le taux a été fixé le jour du dépôt. Les avantages de ce type de placement sont nombreux. Votre argent est à l'abri, il est garanti par l'État. Le certificat de dépôt est en outre facile à effectuer. Il est en effet aisé de comparer les taux d'intérêts proposés par les banques. Ces taux d'intérêts sont supérieurs à ceux des plans d'épargne et à ceux des comptes rémunérés. Vous savez à l'avance exactement combien d'argent vous aurez à l'échéance de votre certificat de dépôt. Ce certificat peut en outre servir de garantie additionnelle si vous contractez un emprunt par ailleurs. Enfin votre intérêt est indépendant des conditions économiques.

Il existe toutefois aussi des inconvénients. Ainsi, vous paierez de lourdes pénalités si vous décidez de retirer votre argent avant la date d'échéance fixée ; lorsque vous aurez récupéré votre argent, des opportunités d'investissement seront peut-être passées ; les intérêts perçus seront imposables. Enfin votre intérêt est fixe et ne connaîtra pas de hausse, même si par ailleurs les marchés explosent.

Ces certificats ne sont pas de bons outils d'investissement pour les adeptes de ce programme, dont les objectifs sont d'augmenter leurs revenus en plaçant avec discernement leur argent. Ils ne sont pas non plus la meilleure des façons de mettre son argent de côté en attendant le bon investissement puisque les fonds placés ainsi sont immobilisés tout le long de la période fixée. En revanche ces certificats deviennent un très bon outil lorsqu'il s'agit de mettre de côté une réserve de liquidités.

J'ai expliqué en première partie de ce livre qu'il était important de garder une réserve d'argent valable pour trois mois de dépenses en cas d'urgence. Conserver une telle somme sur un compte courant n'est pas une bonne solution. Elle ne produirait pas d'intérêts et surtout vous pourriez être tenté de la dépenser. Je vous conseille donc de déposer cette réserve sur trois certificats de dépôt différents aux échéances échelonnées sur un intervalle d'un mois. Même si vous perdez votre emploi demain, vous n'aurez pas immédiatement besoin de ces trois mois de réserve car l'argent de votre porte-monnaie, de votre compte-chèques, de votre prime de départ vous permettra de tenir un mois ou un peu plus sans revenus. Au terme de cette période, vous pourrez retirer l'argent de votre premier certificat de dépôt et donc tenir encore un mois. Cet argent épuisé, vous passerez au deuxième certificat de dépôt et ensuite au troisième, ce qui vous laissera le temps de chercher du travail.

Dès que vous aurez assez économisé pour ces trois mois de réserve, mettez en place ce système dans une banque qui offre un taux intéressant. Diviser la somme en trois parts égales et déposez-les en fixant des échéances à trente, soixante et quatre-vingt-dix jours. Lorsque ces dépôts arrivent à échéance, renouvelez les certificats en laissant les intérêts s'y adjoindre.

CHAPITRE 9

COMPTES-CHÈQUES

Si vous avez décidé d'appliquer ce programme, vous ne devrez user de votre chéquier que pour deux choses : payer vos factures et retirer du liquide. Même s'ils existent (FCP, livret ou Codevi), les comptes-chèques rémunérateurs ne proposent pas de taux d'intérêts assez attractifs pour constituer une réelle possibilité de dépôt temporaire de vos économies. Un compte en sicav monétaire est à cet égard bien plus efficace.

Pour le choix de votre compte-chèques, il est plus important de s'intéresser aux frais de traitements des opérations qu'aux éventuels taux d'intérêts de rémunération. Vous allez rédiger un grand nombre de chèques et il est donc évident que leur gratuité est pour vous le premier des atouts.

CHAPITRE 10

CARTES DE CRÉDIT

Combien d'argent liquide avez-vous dans votre porte-monnaie ? Je parie que vous ne le savez pas. Comment pouvez-vous être si voluptueusement ignorant du contenu de vos poches ? Parce que vous avez vos cartes de crédit. Vous n'êtes jamais inquiet de savoir si vous avez ou non suffisamment de liquide sur vous parce que vous disposez de ces petites cartes magiques. Il vous suffit d'avoir assez de liquide sur vous pour vous acheter les petites choses quotidiennes, 200 francs par exemple pour le café du matin, le journal, un sandwich, et pour le reste vous avez vos cartes de crédit. Le prix à payer pour cette tranquillité d'esprit est important, nous l'avons vu dans la première partie. Et la carte de crédit doit devenir un cheval de bataille essentiel pour les adeptes de mon programme. Toutes les forces sont liguées contre vous afin que vous ne vous posiez pas de questions et que vous continuiez à adopter le même style de vie, candide et facilement dépensier. Il vous faut commencer une guerre qui vous permettra de renverser la vapeur et de passer d'un mode de vie où vous ne regardez pas à la dépense et où la carte de crédit est devenue un réflexe à un autre plus réfléchi, dans lequel vous devrez vous poser la question de la consommation et envisager de mettre votre argent de côté pour des dépenses raisonnées plutôt que de le dépenser à tout vent. La première bataille devra évidemment être l'abandon de la carte de crédit.

Bien sûr, cela est facile à dire mais il n'est pas aisé de se désintoxiquer et de perdre l'habitude de sortir votre carte. Les étapes suivantes vont vous permettre de faire le grand saut.

1. Dites non

Commencez toutes affaires cessantes par enlever de votre portefeuille toutes les cartes de crédit qui s'y trouvent, y compris les cartes privilèges distribuées par des sociétés dont vous êtes client et qui sont un bon moyen de vous faire dépenser sans compter et sans connaître la vraie valeur des choses.

Ne conservez, pour les cas d'urgence, qu'une carte de paiement différé, et faites fondre toutes les autres dans un joli feu de joie. Maintenant vous êtes prêt à payer comptant, en liquide, si possible. Ce qui vous permettra très vite et presque naturellement d'acquérir le bon réflexe: de savoir quelle est la station d'essence qui offre les prix les plus intéressants, le supermarché le moins cher... Dans la foulée, profitez-en pour clore au plus vite tous les petits emprunts que vous avez contractés. Les taux d'intérêts ne doivent plus être un problème pour vous.

2. Déterminez vos besoins

Faites une estimation de l'argent dont vous avez besoin pour une semaine normale, en incluant les dépenses courantes, comme les courses, les journaux, les repas pris dehors, l'essence, etc. Cet exercice tout simple vous permettra de vous poser les bonnes questions, de vous demander, avant de dépenser, si vous n'allez pas gaspiller votre argent pour pas grand-chose. Programmez vos dépenses, c'est encore le meilleur moyen de ne pas céder à vos impulsions d'achat.

3. Constatez les dommages

Une fois les cartes hors d'atteinte, asseyez-vous et essayez de réaliser les dommages qu'elles ont causés à vos finances. Reprenez les relevés des derniers mois, voyez combien elles vous ont coûté, en dépenses futiles, en intérêts débiteurs, réalisez ce qu'elles vous ont *réellement* coûté.

4. Épurez vos dettes

Si vous avez contracté de nombreux crédits, tâchez si possible de les renégocier ou de les rééchelonner auprès de votre banque ou de tout autre organisme. Mais épurez-les : je vous incite à mourir sans laisser un sou mais pas à mourir endetté. Vous venez d'obtenir une augmentation ? Affectez-la à vos remboursements plutôt qu'à l'achat d'une nouvelle télévision à grand écran. Pas de rentrée d'argent supplémentaire en vue ? Dans ce cas, s'il le faut, utilisez les économies que vous avez déjà investies. Mieux vaut se débarrasser d'un taux de crédit de 10 % que de continuer à toucher des intérêts à 5 %.

5. Partez du bon pied

Les cartes de crédit ne sont à présent plus qu'un mauvais souvenir. Que faire maintenant ? À chaque début de semaine, allez retirer à la banque l'argent nécessaire pour les dépenses courantes des huit jours suivants. Ne visez pas trop haut, ne prenez pas trop de liquide pour d'éventuelles folies, c'est une loi que l'argent que vous avez dans la poche sera de toute façon dépensé à la fin de la semaine. Conservez une seule carte, en cas d'urgence, en veillant à ce que celle-ci soit à débit immédiat, afin de ne pas retomber dans le cercle vicieux. Ne soyez pas inquiet si dans les premiers temps les cas « d'urgence » se multiplient et si vous avez encore recours de façon un peu inconsidérée à cette carte de secours. Mon expérience prouve que, dans les premiers mois, cela est pratiquement inévitable. Il y aura le lundi ce nouveau disque que vous devez impérativement acheter, le jeudi ces vêtements en solde, le samedi ce restaurant thaïlandais où vous ne pourrez vous empêcher d'aller. Mais quand, à la fin du mois, vous verrez le relevé de vos cartes et le montant de ces petites folies déduit de votre solde, vous réaliserez enfin ce que ces dépenses pèsent réellement. N'oubliez pas de garder un chèque dans votre portefeuille, il vous sera utile si, pris au dépourvu, vous êtes obligé de retirer de l'argent au plus vite. Avec de l'argent liquide, un chèque pour les urgences et la ferme intention de ne plus vous laisser piéger par le consumérisme à tout crin, vous avez tout l'équipement pour évoluer sereinement dans le nouveau monde économique.

CHAPITRE 11

ASSURANCE INVALIDITÉ

Statistiquement vos « chances » de devenir invalide jeune sont plus élevées que vos « chances » de mourir de façon précoce. Vous avez ainsi beaucoup plus intérêt à contracter une assurance invalidité qu'une assurance vie. Peu de gens, hélas, si surprenant que cela paraisse, suivent ce raisonnement.

Il y a quelques années j'ai moi-même été victime d'une tuberculose qui m'a empêché de travailler pendant dix-huit mois. Heureusement, les mensualités versées par la compagnie où j'avais souscrit une assurance invalidité m'ont permis de m'en tirer financièrement. J'ai donc expérimenté de la façon la plus concrète qui soit l'importance de ce type de protection.

Vos revenus professionnels sont le véritable moteur du programme financier que je vous propose. Si vous voulez continuer à travailler au-delà de soixante ans et mourir sans laisser un sou, il vous faut absolument garantir la pérennité de ces revenus. D'ordinaire les gens n'accordent qu'une importance secondaire à l'assurance invalidité. Elle leur apparaît presque comme un luxe superflu. D'autant plus que les primes sont plus élevées que celles de l'assurance vie. Ce qui est justement dû à l'écart statistique que j'évoquais précédemment entre le décès prématuré et l'invalidité. Certains de mes clients prétendent que l'invalidité est juste une possibilité, contrairement à la mort qui, jusqu'à preuve du contraire, est une certitude. Ce caractère hypothétique de l'invalidité justifie leur sentiment d'avoir affaire à une dépense inutile. Ce qui ne les empêche pourtant pas par ailleurs d'assurer leur maison et leur voiture sans être pourtant certains de voir un jour leur toit partir en fumée ou leur voiture transformée en un amas de tôle froissée. Il ne faut pas vous poser de questions et souscrivez immédiatement, si vous avez décidé de suivre ce programme, une assurance invalidité, que vous pouvez considérer, si cela doit vous aider, comme une assurance permettant de garantir votre revenu quoi qu'il arrive. Examinons maintenant ensemble les exigences à avoir quant à cette police.

Vos besoins de base

Dans ce domaine plus que dans d'autres, il est important de trouver une police rédigée clairement, c'est-à-dire dans des termes ne laissant pas de place à d'éventuelles interprétations subjectives de la part de l'assureur. Il est également important de vérifier que vos primes d'assurance ne seront pas sujettes à des réévaluations trop fortes. Vérifiez aussi que la police continue à payer au cas où, après un accident, vous retournez travailler à temps partiel et, si vous êtes votre propre patron, qu'elle continue à payer le temps nécessaire pour que vous retrouviez votre clientèle. Assurez-vous aussi que ladite police vous couvre dans le cas où une maladie se déclare peu après la signature du contrat. Enfin, le conseil valant pour tant d'autres sujets, faites le tour des assureurs et comparez.

De quoi n'avez-vous pas vraiment besoin ?

La meilleure police est en principe celle qui remplace, sou pour sou, votre salaire disparu. Celle-ci tient, hélas, de l'utopie. Il vous faut donc prévoir quel montant précis de remboursement vous sera nécessaire pour vivre et choisir votre police en fonction de celui-ci. Considérez pour ce faire vos dépenses plus que vos revenus actuels.

Les deux époux ont besoin d'une assurance invalidité

Puisque vous dépendez de deux revenus, il faut que ces deux revenus soient couverts. Ce n'est rien d'autre que de la logique.

Combien de temps pouvez-vous attendre votre premier chèque ?

Entre le moment où vous avez un accident et celui où votre invalidité est établie s'écoule une période à laquelle il faut encore ajouter le temps que mettra votre assureur à vous envoyer votre premier chèque. N'oubliez pas votre réserve de liquidités en certificats de dépôt : vous pourrez y puiser en attendant ce chèque. Certains assureurs demandent des primes moins élevées si la période est plus longue entre l'accident et le premier remboursement. Tenez compte de ces paramètres pour choisir votre police.

CHAPITRE 12

CONCUBINS, DIVORCE

Le mariage n'est pas qu'une institution religieuse et républicaine, il est aussi, comme le concubinage, un accord légal et financier. Les perspectives financières doivent être envisagées de la même façon selon le statut du couple ou ses orientations sexuelles. Un homosexuel n'a pas à envisager ses finances autrement qu'un célibataire hétérosexuel et il en va de même pour les couples : que vous soyez mariés, concubins, homosexuels ou lesbiennes ne change rien aux décisions que vous aurez à prendre.

Seul l'aspect légal impose une approche différente pour les couples concubins qui ne bénéficient pas des mêmes avantages que les époux [1]. Des problèmes surgissent lorsqu'il s'agit d'obtenir par exemple le droit de résidence pour un concubin étranger, d'obtenir certaines réversions (notamment de rentes), de gérer un compte joint sujet à débit ou à émission de chèques sans provision et, en cas de séparation, de fixer le partage du bien et des dettes.

Face à ces difficultés ou, mieux, bien avant qu'elles ne surgissent, la première précaution à prendre pour le couple

1. L'adoption du Pacs devrait abolir cette différence (N.D.E.).

concubin est de fixer un rendez-vous avec un conseiller financier connaissant bien ce type de cas. Il saura, par exemple, rédiger les testaments et les procurations nécessaires en cas de maladie d'un des concubins. Ces précautions ne sont ni faciles ni plaisantes mais elles resteront nécessaires tant que la société n'aura pas adopté de nouvelles législations face au concubinage [1].

De la même façon, pour ce qui concerne les couples mariés, un conseiller financier vous aidera à établir un accord qui, en cas de divorce, vous permettra de partager au mieux les biens du ménage. Mon expérience me prouve que les questions d'argent sont souvent le premier champ de bataille des époux qui souhaitent divorcer et il est préférable, même si cela semble ridicule, de prendre ses précautions avant plutôt que de recourir au moment de la séparation à des avocats dont les honoraires sont souvent prohibitifs. Une simple précaution peut ainsi vous éviter des procédures longues et lourdes, aussi bien émotionnellement que financièrement.

1. Voir note page précédente.

CHAPITRE 13

TESTAMENT

Puisque vous avez décidé de mourir sans laisser un sou, l'idée de faire un testament peut vous paraître absurde. Et pourtant... si le programme que je vous propose vous assure de ne pas vivre plus longtemps que votre argent, personne n'est encore capable de fixer par avance la date de votre mort. Ainsi, il se peut que vous poussiez votre dernier soupir alors que vous êtes dans une phase intermédiaire du programme. Je vous ai conseillé de commencer à transformer vos investissements boursiers en rentes aux alentours de soixante-dix ans, à moins que vous n'ayez des raisons objectives de croire que vous n'atteindrez pas cet âge. En cas de décès prématuré il est important que votre famille soit protégée. Et même si vous avez déjà pour cela une assurance vie, une protection de type légal n'est pas à dédaigner et la meilleure de toutes reste encore le testament.

CHAPITRE 14

CONSEILLERS FINANCIERS

Il semble aujourd'hui que tout le monde se soit transformé en conseiller financier. Les courtiers en Bourse, les comptables, les assureurs, les banquiers, les avocats d'affaires, tous prodiguent des conseils en matière de finance et le jour est proche où votre plombier ouvrira une société d'expertise de fonds communs de placement. La raison de cet engouement est simple : ce métier rapporte de l'argent.

Le conseil financier est aujourd'hui une véritable industrie. Depuis que l'investissement n'est plus seulement l'apanage des plus riches, cette activité est devenue très rentable. Avec la croissance ininterrompue de la Bourse et la démocratisation des placements, le conseil financier est devenu un service de grande consommation.

Les courtiers en Bourse ont maintenant dans leurs fichiers autant de gens issus de la classe moyenne que de nababs. Demain, ils feront de la publicité à la télévision. Les comptables ne se contentent plus de conseiller ponctuellement leurs clients mais prennent carrément en main leurs finances et les gèrent pour eux. Les assureurs, non contents de gagner leur argent grâce à votre maison, votre voiture, votre santé, votre vie, veulent maintenant vous convaincre de placer votre argent selon leurs plans. À mon avis, et je suis mal placé pour dire le contraire, les meilleurs conseillers restent les conseillers financiers qui n'ont pas d'autres activités annexes. Ce sont de véritables professionnels qui n'ont, contrairement aux autres, pas d'intérêt à sauvegarder dans les conseils qu'ils vous donnent. Un courtier en Bourse a en effet intérêt à vous diriger vers des actions, un assureur trouve bien évidemment son avantage à vous vendre des produits d'assurance et un comptable est trop préoccupé par les problèmes d'imposition. Seul un conseiller financier saura vous recommander d'acheter des actions quand cela est sensé, d'investir dans des fonds communs de placement lorsqu'ils sont de bons outils et d'acquérir des obligations à dividendes déductibles si c'est ce dont vous avez besoin.

Lorsque vous vous serez renseigné sur les conseillers financiers de votre ville et que vous en aurez sélectionné trois ou quatre, prenez un rendez-vous avec chacun. Si l'un d'eux ne daigne pas vous recevoir en personne ou s'il ne répond pas directement et clairement aux questions préliminaires que vous lui poserez, rayez-le de votre liste et passez au suivant. Ce rendez-vous préliminaire doit vous apprendre :

- depuis combien de temps il exerce ;
- quelle est l'étendue de ses connaissances juridiques et financières ;
- depuis combien de temps il fait partie d'un cabinet ; si celui-ci est partagé entre plusieurs personnes ;
- depuis combien de temps ce cabinet existe ;
- s'il exerce ce travail à plein-temps ou s'il a d'autres activités ailleurs ;
- quel est son niveau d'études ;

- quelle est la taille moyenne des portefeuilles qu'il gère ;
- quels sont, s'il y en a, les autres services qu'il propose ;
- s'il a une stratégie particulière en matière d'investissement ;
- s'il est enregistré par la COB ;
- si son activité est assurée.

Lorsque vous en saurez plus, vous pourrez lui expliquer le programme que vous souhaitez adopter et recueillir son avis sur le sujet.

La plupart des conseillers se montreront certainement intéressés par votre volonté de mourir sans laisser un sou qui représentera pour eux aussi un véritable challenge.

Un des signes qui vous permettront de mieux connaître les compétences du conseiller financier que vous aurez en face de vous sera les questions qu'il vous posera. Préparez-vous à répondre à celles-ci :

- Quels sont vos actifs et vos passifs ?
- Quelles sont vos dépenses mensuelles ?
- Quels sont vos revenus ?
- Dans quelle mesure votre emploi est-il sûr ?
- Quels avantages offre-t-il ?
- Êtes-vous marié et avez-vous des enfants ?
- Quelles sont les assurances que vous avez souscrites ?
- Vous attendez-vous à hériter de quelqu'un à brève ou longue échéance ?
- Quels sont les risques financiers que vous pouvez assumer ?

Avant de partir, tâchez de connaître les noms de quelques autres clients présentant des caractéristiques proches des vôtres et appelez-les pour connaître leur sentiment quant aux conseils qu'ils reçoivent. Ayez toutefois à l'esprit que le conseiller ne vous livrera que les noms de clients à priori satisfaits. Aussi, plutôt que de vous cantonner à leur opinion, n'hésitez pas à poser des questions pratiques, tâchez de savoir par exemple si le conseiller en question est facile à joindre au téléphone, s'il rappelle vite lorsqu'on lui a laissé un message, si obtenir un rendez-vous est chose aisée... Faites-vous votre propre opinion de cette façon.

CHAPITRE 15

FUNÉRAILLES

Avez-vous déjà remarqué que les funérariums sont souvent logés dans de très jolies maisons ? Les entreprises de pompes funèbres gagnent en effet très bien leur vie grâce à la mort des autres. Entre les soins apportés au corps, son habillage, le cercueil, la préparation de la tombe et de la pierre tombale, la location du funérarium pour la présentation du corps aux visiteurs, la location du corbillard, etc., l'addition a vite fait d'être élevée. En bon adepte du programme que nous développons ici, il faut considérer ces dépenses sous le seul angle du ridicule. Pourquoi celui qui a passé sa vie à croire que l'argent n'était rien d'autre qu'un outil à utiliser pour assurer son niveau de vie et celui des siens voudrait-il en effet finalement laisser une partie de cet argent à une entreprise de pompes funèbres ? Réduire cette dépense insensée doit donc être un de vos principaux objectifs. Vous devez faire en sorte que votre entourage, à votre mort, ne soit pas victime des bons conseils que ne manqueront pas de leur prodiguer les pompes funèbres (« Après tout, c'est le moins que vous puissiez faire pour votre père, non ? »). La présentation du corps à la famille a par exemple pour effet de donner l'impression que le mort est toujours là et qu'il peut donc vérifier, à travers les dépenses qui sont faites, l'attachement qu'on avait pour lui.

La meilleure façon de s'assurer que ce genre de choses ne se produira pas est de planifier vous-même votre enterrement et de faire en sorte que le corps ne soit pas exposé lors de la cérémonie. Cela signifie qu'il vous faudra préparer soit un enterrement rapide, soit une crémation immédiate. Soulagez les membres de votre famille de cette tâche difficile et faites en sorte qu'ils ne se sentent pas obligés de « payer » pour montrer l'amour que vous leur inspiriez. Débarrassez-les en même temps de la lourde tâche de savoir ce qui vous aurait « fait plaisir ».

Chiffrez vous-même ce qui vous semble raisonnable, optez pour le lieu d'enterrement ou de crémation et joignez ces informations à votre contrat d'assurance vie. Et payez par avance la somme due (si votre assurance vie ne prévoit pas déjà cette dépense) à l'entreprise de pompes funèbres (des contrats de prévoyance existent).

CHAPITRE 16

DONS

L'un des plus grands plaisirs que puisse connaître un adepte de ce programme est de pouvoir faire des dons à ses proches. Ce qui ne signifie pas donner n'importe comment et en dépit du bon sens. Contrairement aux dons faits aux œuvres de charité, les dons faits à vos descendants ne sont pas toujours exonérés d'impôts. Il est donc important de connaître le contexte fiscal, les avantages possibles pour le donneur comme pour le bénéficiaire. Renseignez-vous à ce sujet. Il faut ainsi savoir, rappelons-le, que les parents peuvent donner 300 000 francs chacun à leurs enfants tous les dix ans, les grands-parents 100 000 francs chacun à leurs petits-enfants. Au-delà de ces plafonds les dons ne sont pas faits en franchise de droits de succession.

CHAPITRE 17

PRÊT HYPOTHÉCAIRE

Il est étonnant de constater qu'un simple changement de nom peut rendre une même réalité beaucoup plus présentable. Lorsqu'on leur parle d'hypothèque, les gens reculent sous l'effet de la frayeur. Mais la nouvelle expression pour cette pratique, « prêt participatif », rend ce type de financement aussi neutre qu'un autre.

De plus en plus de gens acceptent d'hypothéquer leur maison pour rembourser leurs crédits, payer des études coûteuses à leurs enfants ou fonder une entreprise, et il faut bien reconnaître que ce type de prêt est facile à obtenir, relativement abordable et que la fiscalité est assez légère. Mais pour l'adepte de mon programme, ce prêt est dangereux car la valeur du bien immobilier est une source de revenus potentiels précieuse. Le bien immobilier est en effet le dernier filet de sécurité, celui qu'il vous faudra transformer en source de revenus en dernier lieu, celui qui pourra garantir le confort de vos vieux jours.

Hypothéquer en partie sa maison n'est pas en soi une mauvaise idée mais cette solution ne doit à mon sens être adoptée que pour améliorer, redécorer ou agrandir son habitat. Ce qui est en soi une forme d'investissement doublée d'un plaisir réel à habiter une maison plus confortable. L'augmentation de valeur du bien qui en résultera permettra en plus d'obtenir plus tard un autre prêt hypothécaire plus important.

Pour rembourser vos crédits, payer les études de vos enfants et fonder votre entreprise, il vaut donc mieux envisager d'autres solutions que de faire un trou important dans ce filet de sécurité nécessaire.

CHAPITRE 18

AMÉLIORATION DE VOTRE HABITAT, RÉNOVATIONS ET AGRANDISSEMENTS

On a tendance à considérer les gros travaux et les travaux d'embellissement dans une maison comme un investissement plutôt qu'une dépense. Tout le monde vous conseillera de ne pas apporter de modification à votre bien immobilier si celle-ci n'ajoute pas à sa valeur.

Dans le cadre de ce programme, le point de vue traditionnel ne tient pas. Vous savez en effet qu'il faut cesser de vouloir faire des bénéfices financiers avec l'immobilier, que l'essentiel est d'avoir une maison où l'on puisse passer sa vie et se sentir bien. Cela signifie que le plaisir que vous procureront les améliorations, rénovations ou agrandissements de votre maison devra peser plus lourd qu'une plus-value potentielle. Si vous et votre famille devez passer trente ans à jouir d'une piscine, quelle importance cela a-t-il que celle-ci ajoute ou non de la valeur à votre maison ? D'autant plus que la plupart de ces travaux bénéficient d'une déduction fiscale. Tout ce qui pourra augmenter votre plaisir est une dépense valable. Laissez le banquier qui devra attendre la revente de votre maison pour récupérer son prêt s'inquiéter à votre place de la somme qu'un acheteur éventuel voudra bien payer pour acheter un bien immobilier dévalué par des travaux qui vous auront fait plaisir. Vous serez mort depuis longtemps et vous aurez passé des jours heureux chez vous.

CHAPITRE 19

ASSURER SA MAISON

Je suis prêt à parier que vous ne connaissez pas les détails de la police d'assurance de votre maison. Savez-vous si vous êtes couvert pour les dégâts des eaux ou contre le vol sans effraction ? Jusqu'où peuvent aller les remboursements ? Êtes-vous assuré pour la valeur de remplacement ? Vous avez des excuses : l'achat d'une maison et l'état de fébrilité qui s'ensuit sont rarement les meilleures conditions pour se pencher attentivement sur un contrat d'assurance. Vous prenez souvent la première police venue et vous commencez à payer sans vous poser de questions. Vous ne commencez à lire votre contrat que lorsqu'un incident se produit. Je ne peux que vous conseiller de rompre avec ces réflexes malheureux et de faire de la souscription de cette assurance un acte mûrement réfléchi. L'assurance est en effet un filet de sécurité essentiel et vous devez être certain que votre police couvre bien tout ou partie :

- les dégâts des eaux ;
- les vols ;
- les bris de glace ;
- les incendies ;

- les attentats ;
- la protection juridique ;
- les tempêtes et catastrophes naturelles ;
- la responsabilité civile familiale.

Ce genre de police peut offrir parfois des couvertures complémentaires soumises ou non à surprimes (vol de bagages au cours d'un voyage, accidents domestiques, remboursement de vos notes d'hôtel au cas où votre maison est devenue inhabitable, frais de déplacement de votre mobilier si vous devez réparer des dégâts...).

Le plus important pour vous est de bien déterminer les couvertures dont vous avez besoin et d'exclure tout ce qui est superficiel. Ne perdez pas de vue la notion de « valeur de remplacement » qui vous assure que votre vieille télévision sera remboursée sans décote.

CHAPITRE 20

ÊTRE PROPRIÉTAIRE

Être propriétaire reste encore de nos jours une des expériences les plus agréables de l'existence. Et posséder son toit est encore une des façons les plus sûres de ne pas dépenser son argent inutilement. Nous avons vu dans la première partie qu'il était bon d'acheter directement quelque chose de définitif. Prenez donc le temps d'économiser, le temps de savoir ce qu'il vous faut, le temps de distinguer vos besoins réels de vos envies. Cette attente vous conduira à faire un achat intelligent. Être proche de votre lieu de travail ne doit pas être un des facteurs essentiels à présider à cet achat. Une maison dure plus longtemps qu'un emploi et qui sait si d'ici quelques années, grâce à la révolution technologique, vous ne travaillerez pas la majeure partie de votre temps chez vous ? Faites passer le bien-être et le confort avant toute autre considération, en particulier commerciale. Ce n'est pas un investissement que vous cherchez, c'est une demeure. Et si la maison dans laquelle vous êtes ne vous convient pas, n'hésitez pas à la vendre, même à perte, pour trouver celle dont vous rêvez. Vous n'êtes pas un agent immobilier, vous voulez être heureux, agissez en conséquence.

CHAPITRE 21

IMPOSITION DES REVENUS

L'impôt sur le revenu est souvent une obsession. À tel point que ce type d'imposition est quasiment devenu le centre de la vie financière de beaucoup de nos contemporains. Bien sûr, je ne vais pas vous conseiller ici de négliger complètement l'impôt sur le revenu, je crois en revanche que c'est une erreur de lui laisser occuper en permanence le devant de la scène. Selon moi, l'exonération d'impôts ne doit jamais être, par exemple, une raison suffisante pour acheter un produit financier plutôt qu'un autre. De même, il faut cesser de multiplier les investissements à tort et à travers sous prétexte qu'ils sont déductibles. Chaque investissement doit avoir en soi sa raison d'être. Si vous ne pouvez vous empêcher de développer une obsession, mieux vaut que celle-ci porte sur vos revenus. Employez donc plutôt votre temps et votre énergie à imaginer de nouvelles manières de générer des revenus et laissez votre comptable imaginer les façons de réduire les impôts qui en découleront.

CHAPITRE 22

COURTIERS EN ASSURANCES

Les assureurs sont, comme les directeurs des entreprises de pompes funèbres, un mal nécessaire. Il faut bien se résoudre un jour ou l'autre à entretenir des relations avec les uns et les autres.

Il y a deux sortes d'assureurs qui réussissent dans leur métier : ceux qui sont des experts de la vente et ceux qui sont des experts de l'assurance. Le premier viendra chez vous et vous dira ce dont vous avez besoin, le second vous accordera un rendez-vous dans son bureau et vous demandera ce dont vous avez besoin. Le premier est un VRP et le second un véritable courtier.

Les VRP travaillent pour des compagnies qui exigent d'eux nulle autre compétence que de savoir vendre. Mon conseil est clair : il faut les éviter et s'adresser aux courtiers, qui sont, eux, de véritables professionnels et qui sauront vous conseiller de façon toute professionnelle.

CHAPITRE 23

CHASSE À L'EMPLOI

La recherche d'emploi fait trop souvent appel à de vieux réflexes profondément encrés dans nos esprits et qui, pour la plupart, ne sont plus en phase avec le monde qui est le nôtre. On envisage rarement de chercher un emploi dans la joie et la sérénité. Cette démarche est plutôt source d'angoisse et d'inquiétude. On veut trouver un travail qui nous permettra de nous exprimer pleinement, d'affirmer toute notre valeur dans les meilleures conditions. Première erreur. Rappelez-vous bien que votre emploi ne vous définit jamais et que pour rien au monde vous ne devez croire que votre identité a partie liée avec votre travail. Les raisons pour lesquelles on entreprend cette quête ont aussi généralement à voir avec l'angoisse et l'insécurité : dans la plupart des cas on se met en effet à chercher du travail parce qu'on n'en a plus, parce qu'on est au chômage ou parce que notre emploi actuel est sérieusement menacé. La recherche du travail dans tous les cas est synonyme de désespoir et d'inquiétude. Pour les adeptes de ce programme, il en va tout autrement. Vous savez que votre emploi n'est qu'« un boulot comme un autre » et que la chose la plus importante est le salaire qu'il vous rapporte.

Ainsi lorsque vous cherchez un travail, ce n'est pas une nouvelle identité que vous cherchez, c'est simplement davantage d'argent. Les conditions dans lesquelles vous entreprenez cette démarche n'ont rien à voir avec l'insécurité : vous n'attendez pas un signal d'alerte pour vous mettre en quête, c'est chez vous un réflexe quotidien. Vous avez sans cesse un œil sur votre travail actuel, un autre sur votre prochain emploi. Cette dynamique rend la démarche réellement excitante et active. Il faut ne plus être la proie, la victime, mais le chasseur qui fouille les buissons pour n'y débusquer qu'une chose : davantage d'argent. Votre objectif dans le monde du travail n'est pas l'avancement, ni la satisfaction personnelle, encore moins la sécurité. Vous avez un but spécifique et quantifiable : augmenter vos revenus. Reste à trouver l'entreprise qui vous permettra de le faire.

Inspectez les bons buissons et préparez-vous à ce que vous allez y trouver

La plupart des compagnies installées réduisent leurs effectifs. Cela doit vous inciter à prospecter les nouvelles entreprises, petites ou moyennes. Puisque vous cherchez un nouveau poste, vous devez vous préparer mentalement à accepter de nouvelles conditions de travail : vous travaillerez peut-être en équipe réduite plutôt qu'au sein d'un département important, votre patron ne sera peut-être plus un homme blanc de cinquante ans habillé en costume sombre ; vos seuls liens avec vos collègues seront peut-être par ordinateurs interposés. Peut-être devrez-vous voyager ; peut-être devrez-vous rester chez vous et travailler à distance *via* internet, etc. Il vous faut tout envisager et être prêt à répondre à n'importe quelle situation.

Gardez secrète votre recherche

Il ne faut pas que vos collègues de travail soient au courant de cette recherche permanente d'un nouvel emploi. Si cela arrivait, vous pouvez être sûr que vos supérieurs seraient mis au courant et qu'ils vous placeraient d'office en haut de la liste des futurs licenciés. Leur expliquer honnêtement votre approche de la vie professionnelle ne vous aidera évidemment en rien à redresser cette situation. Vous serez stigmatisé comme déloyal. Ce qui est absurde puisque la loyauté est un échange et que celle que votre employeur vous témoigne est intimement liée à la bonne santé financière de son entreprise. Évitez donc le plus possible de laisser apparaître que vous êtes en chasse d'un autre emploi. Ne venez pas en costume au bureau parce que vous avez un entretien d'embauche le soir, alors qu'en temps ordinaire vous portez des jeans et des baskets. Trouvez un endroit pour vous changer avant d'y aller. Ne vous faites pas porter pâle pour aller à ces rendez-vous ; mieux vaut les obtenir tôt dans la matinée ou tard dans l'après-midi. Si vous devez prendre un jour de congé pour un entretien, profitez-en pour en passer plusieurs. Surtout, faites en sorte de ne pas passer vos coups de fil ni de recevoir votre courrier relatif à ces démarches sur votre lieu de travail.

Bien chasser, c'est avant tout aller sur le terrain

Vous ne pouvez pas compter sur les petites annonces et sur l'envoi en masse de candidatures spontanées pour trouver un nouveau travail – il s'agit là de pêche à la ligne et non de chasse. Jeter un appât et attendre que quelque chose veuille bien mordre n'est pas la solution. Utiliser

Internet est certainement pire encore : non seulement vous pêchez mais vous plongez votre ver dans l'océan au lieu de le plonger dans un étang. Ne comptez pas non plus sur les chasseurs de têtes, c'est de votre vie et de votre avenir qu'il s'agit, cela ne peut être mis entre les mains de personne d'autre que vous. La grande majorité des embauches est consécutive à un contact personnel. Il vous faut donc rencontrer le plus de gens possible le plus souvent possible. Exploitez votre entourage – clients, concurrents, connaissances, etc., pas à pas étendez votre réseau. C'est la meilleure façon de débusquer l'opportunité que vous attendez.

CHAPITRE 24

ENTRETIENS D'EMBAUCHE

Vous êtes suffisamment aguerri pour que je n'aie pas à revenir sur la nécessité lors des entretiens d'embauche d'être ponctuel et de bien présenter. Dites-vous que vous allez rencontrer une des personnes les plus importantes de votre existence... parce que cela sera peut-être en effet le cas.

Renseignez-vous sur la personne qui vous reçoit

Puisque vous êtes arrivé à cet entretien en exploitant vos contacts, quelqu'un est probablement en mesure de vous dire ce qu'il sait de la personne qui vous reçoit. Aucune information n'est à négliger. Renseignez-vous aussi sur l'entreprise et sa position vis-à-vis de ses concurrents.

Prévoyez les questions

Préparez des réponses concises à ces dix questions dont vous pouvez être sûr qu'elles vous seront posées :

- Pourquoi souhaitez-vous travailler ici ?
- Qu'est-ce qui vous fait penser que vous êtes qualifié pour ce travail ?

- Pourquoi avez-vous quitté votre emploi précédent ?
- Quels sont vos points forts et vos points faibles ?
- Quels sont vos objectifs de carrière et vos buts dans la vie ?
- Où pensez-vous que vous serez dans cinq ans ?
- Qu'avez-vous apprécié et détesté dans votre ancien emploi ?
- Que diriez-vous de la façon dont vous travaillez et dont vous organisez votre travail ?
- Quelles sont les choses qui, professionnellement et personnellement, vous ont apporté le plus de satisfaction ?

Puis rédigez à votre tour une liste de dix questions à l'adresse de celui qui vous fera passer l'entretien. Cela fera un bon effet et surtout transformera une séance potentiellement inquisitoriale en un véritable dialogue. Voici quelques questions dont vous pourrez vous inspirer pour créer votre propre liste :

- Quelles sont les fonctions et responsabilités importantes de ce poste ?
- Qui, selon vous, serait le mieux placé pour l'obtenir ?
- Avec qui travaillera et à qui rendra des comptes celui qui occupera ce poste ?
- Quelle est l'ambiance au sein de cette entreprise ?
- Qu'est devenue la personne qui occupait précédemment le poste ?
- Quels sont les inconvénients du poste ?
- Quels seront les projets que cette équipe devra réaliser dans le futur ?
- Où pensez-vous que cette entreprise en sera dans cinq ans ?

Ne soyez pas décontenancé si, au cours de l'entretien, plusieurs personnes vous posent des questions allant dans des directions contradictoires : ce n'est qu'un jeu destiné à vous tester. Il faut que vous sachiez que votre curriculum vitæ a suffi à convaincre vos employeurs potentiels que vous étiez fait pour ce travail, sans quoi jamais ils ne vous auraient convoqué. De même, si vous changez complètement de domaine d'activité, ne vous laissez pas impressionner par les questions que l'on ne manquera pas de vous poser, sachez que si votre candidature avait semblé totalement incongrue, jamais vous ne seriez arrivé à ce stade de « l'épreuve ».

Gardez l'objectif en tête

N'oubliez pas les raisons pour lesquelles vous aspirez à un autre emploi. Il faut non seulement convaincre vos employeurs que vous êtes la personne qui convient mais en plus justifier le salaire élevé que vous allez leur demander. Il ne suffit pas de décrocher le poste, il faut aussi – sans quoi l'épreuve aura été inutile – décrocher le salaire auquel vous prétendez. Vous ne serez jamais en meilleure position vis-à-vis de cette nouvelle entreprise qu'au moment de l'embauche et c'est à ce moment-là, quand vous allez signer votre contrat, qu'il faut se montrer exigeant et intraitable sur votre rémunération, quitte à abandonner si cette exigence n'est pas satisfaite. Vous êtes pendant quelques jours l'incarnation des rêves de votre futur employeur, profitez-en !

Qui passe en premier ?

La clé de toute négociation de salaire est de ne jamais parler le premier. En effet, si vous faites une offre, celle-ci ne pourra qu'être révisée à la baisse. En revanche, si vous laissez l'interlocuteur faire cette offre, vous pourrez ensuite réévaluer celle-ci à la hausse. Ne vous laissez donc pas prendre au piège de l'employeur qui ne manquera pas de vous demander très vite le salaire que vous souhaitez. À la question : « À quel salaire prétendez-vous ? », répondez ainsi : « À un salaire en rapport avec mon expérience et mes compétences. » Puis retournez la question initiale : « Quel salaire avez-vous l'intention d'accorder à la personne qui occupera ce poste ? »

Bien sûr, vous ne pouvez pas continuer à jouer ce petit jeu toute la journée. Si le statu quo s'éternise, avancez un chiffre plus élevé que celui auquel vous aspirez puisque la négociation qui s'ensuivra ira forcément dans le sens de la baisse. Les employeurs ont plus souvent en tête un ordre de salaire plutôt qu'un montant fixé déterminé à l'avance. Cela peut vous permettre de grappiller 10 % sur ce que vous espériez.

Jouez

Une autre technique a déjà fait merveille pour nombre de mes clients. Celle-ci consiste à prendre les cartes en main. Allez jusqu'au bout de l'entretien en faisant en sorte que les questions concernant le salaire soient les dernières à venir sur le tapis. Si à ce moment-là vous sentez que l'accord est près d'être signé, que l'entreprise vous veut, attendez de connaître l'offre que l'on vous fait puis, alors, faites mine d'hésiter, regardez droit dans les yeux la personne qui vous fait face et demandez-lui sans détour : « Est-ce là tout ce que vous pouvez faire ? » L'exercice demande des tripes mais peut se révéler payant. Attendez sa réponse puis, quelle qu'elle soit, dites-lui : « Le poste m'intéresse beaucoup mais j'aimerais rentrer chez moi pour réfléchir à ce que nous venons de nous dire. Pourrions-nous nous revoir demain matin ? » Cela renverse le jeu et vous donne une chance supplémentaire d'entendre votre employeur potentiel formuler une offre supérieure dans le but d'emporter votre décision.

CHAPITRE 25

ASSURANCE VIE

Woody Allen, dans son film *Prends l'oseille et tire-toi*, imagine la peine la plus cruelle qui soit à l'encontre de criminels : les enfermer dans une petite cabane en bois avec un vendeur d'assurances vie chargé de leur expliquer un contrat. De fait, ces professionnels cumulent en général le bagout du vendeur de voitures d'occasion, la morgue des responsables de pompes funèbres et la ténacité des boxeurs poids lourd. Pour ce qui nous concerne, l'essentiel est de se simplifier la vie afin de se l'assurer.

Ce sont vos revenus que vous assurez, pas votre vie

Vous avez besoin d'une assurance vie pour une seule et simple raison : protéger vos proches contre les conséquences de la disparition prématurée de vos revenus. L'assurance invalidité *vous* protège contre la disparition de vos revenus. Si vous n'avez personne à charge, il est inutile que vous souscriviez une assurance vie. Si vous avez une famille, il faut prendre vos précautions pour remplacer vos revenus le temps nécessaire pour que vos proches s'adaptent à cette nouvelle situation. Ne vous laissez pas influencer par des considérations d'ordre émotionnel. Soyez réaliste : l'argent que votre famille recevra ne vous remplacera pas et il est sensé de penser que, quelle que soit la peine de vos proches, ils finiront par s'adapter, financièrement du moins, à votre absence et à envisager leur vie professionnelle sous un nouvel angle. De toute façon, ils ne passeront pas le reste de leur vie dans les mêmes conditions que le jour de votre disparition, l'essentiel est donc de leur assurer l'équivalent de votre revenu le temps pour eux de faire la transition. Je conseille ainsi à mes clients de se couvrir afin de remplacer leur revenu pendant trois ans après leur décès. Cette période suffit souvent à la famille pour se retourner et envisager les choses autrement. Souscrire une assurance dans le but de garantir à sa famille des remboursements pendant des dizaines d'années est une absurdité. Leur vie sera en tout cas modifiée du fait de votre disparition, et elle ne s'arrêtera pas, heureusement, le jour de votre décès. Et le type de garantie provisoire que je vous propose les aidera certainement à faire la transition et à aller vers de nouveaux horizons plutôt que de vivre passivement dans le souvenir.

Ajustez la couverture à vos mesures

Cette période de trois ans est évidemment une estimation générale qui doit être adaptée à votre cas particulier. Si votre épouse a moins de quarante ans, qu'elle a arrêté de travailler pour s'occuper des enfants, cela devrait être suffisant pour lui permettre de se retourner. En revanche, si elle a cinquante-cinq ans et qu'elle n'ait pas travaillé depuis trente ans, il est prudent d'étendre cette période.

Si vous avez des dettes çà et là, veillez à ce que votre assurance vie puisse les couvrir. Il ne faut en aucun cas les « transmettre » à votre famille.

Et l'hypothèque ?

Il n'est pas forcément nécessaire de veiller à recouvrer totalement l'hypothèque prise sur votre maison à votre mort. Cela dépend de votre cas particulier. Peut-être que vos proches souhaiteront changer de maison après votre disparition. Laissez-leur alors le soin de vendre votre habitation et de régler eux-mêmes l'hypothèque. De même, si leurs revenus sont suffisants, laissez-les s'acquitter de cette tâche. En revanche, si leurs revenus sont faibles et s'ils souhaitent passer le reste de leur vie dans la maison que vous occupiez, il est important d'intégrer le remboursement de votre hypothèque dans votre assurance vie. Mais là encore, réfléchissez, peut-être qu'un remboursement partiel de l'hypothèque, les deux tiers par exemple, suffira, votre famille pouvant ensuite se charger elle-même de rembourser à son rythme le dernier tiers.

CHAPITRE 26

COMPTES SICAV MONÉTAIRE

Les comptes sicav monétaire (comptes rémunérés adossés à une sicav, un FCP, un Codevi, ...) sont votre tirelire. Aussi sûrs que des plans d'épargne mais offrant des intérêts, plus flexibles que des certificats de dépôt, ils sont le produit idéal pour placer temporairement vos économies en attendant de pouvoir les investir dans un produit plus rentable. Vous pouvez les considérer comme la partie « liquide » de votre portefeuille boursier.

Je vous recommande d'ouvrir ce compte sicav monétaire dans la même banque que celle où vous avez déjà votre compte-chèques et vos fonds d'urgence placés en certificats de dépôt : il sera ainsi plus facile d'opérer des virements des uns aux autres si besoin est.

CHAPITRE 27

CURRICULUM VITÆ

L'essentiel à savoir concernant le CV est que celui-ci doit être rédigé non pas pour vous mais pour et en fonction de votre employeur potentiel. Sachez que la première lecture du CV par un employeur est souvent faite dans le but d'éliminer le candidat. C'est en effet sur CV qu'il repoussera tous ceux qui ne lui conviennent pas. Les raisons peuvent être objectives – un manque d'expérience dans le domaine visé peut suffire à vous discréditer – mais aussi subjectives – peut-être sortez-vous d'une grande école que pour des raisons personnelles votre employeur abhorre, peut-être avez-vous à son goût trop souvent changé d'entreprise ou au contraire passé trop de temps dans la même société. La rédaction de votre CV doit donc être faite autour de deux axes principaux : mettre en avant vos atouts mais aussi minimiser tout ce qui pourrait déplaire. Il est en effet aussi important d'échapper à la lecture « en négatif » que de convaincre ensuite. Deux choses, dans cette optique, sont essentielles. Il faut d'abord s'adapter au jargon et aux modes de pensée de l'entreprise visée, surtout si vous changez de domaine d'activité, la forme pouvant en l'occurrence compenser certains manques de fond.

Il faut ensuite prendre soin de chiffrer autant que faire se peut votre expérience passée. Ainsi n'hésitez pas à donner une estimation de ce que vous avez pu apporter en chiffre d'affaires aux entreprises où vous êtes passé, ou éventuellement de ce que vous leur avez fait économiser. Votre futur employeur ne pourra être que sensible à ce genre d'information. Si vous n'avez pas de chiffre précis, donnez une estimation en sachant qu'à priori tout ce qui paraît réaliste ne sera pas sujet à caution.

Comblez vos manques

Afin d'échapper à la lecture négative, il est important de placer l'estimation de vos réalisations concrètes avant la chronologie de votre carrière. En effet si quelque chose déplaît à votre employeur dans celle-ci, il n'ira pas plus loin, passera au CV suivant. En revanche s'il a commencé sa lecture par des choses positives, vous avez des chances qu'il passe plus rapidement sur ce qui pourrait le contrarier dans votre parcours. Une mise en forme choisie peut aussi aider à atténuer certains aspects de votre expérience qui pourraient être jugés négativement. Ainsi, si vous avez enchaîné de courts séjours dans des entreprises successives, prenez soin de préciser chaque fois vos salaires et les descriptions de vos emplois afin de bien faire comprendre que chaque mouvement avait sa raison d'être.

Si vous êtes resté longtemps au sein d'une même entreprise, précisez les étapes de votre progression interne, vos changements de responsabilités, vos augmentations de salaire en leur donnant des entrées de paragraphe séparées.

Faites l'intéressant

La liste de vos hobbies et passions n'est pas à négliger. Elle peut être un élément important, voire décisif. Elle mérite donc un minimum de réflexion et doit être autant que possible adaptée à l'emploi que vous visez. Ainsi, plutôt que d'avouer votre passion pour le surf, la pétanque ou les films comiques, sans doute vaut-il mieux faire passer d'abord votre intérêt pour les échecs ou pour un écrivain qui peut-être, le hasard faisant parfois bien les choses, vous rapprochera de votre futur employeur.

CHAPITRE 28

COMPTES D'ÉPARGNE

Les comptes d'épargne sont sans utilité aucune. Les comptes sicav et les certificats de dépôt sont bien plus flexibles et bien plus rémunérateurs. Gardez donc ces comptes pour vos jeunes enfants, ils seront un moyen idéal pour leur apprentissage de la banque, de l'épargne et des intérêts.

CHAPITRE 29

COURTIERS EN BOURSE

Demanderiez-vous à un vendeur de voitures d'occasion de vous conseiller objectivement sur l'achat d'un véhicule ? Non, bien sûr. Vous savez parfaitement qu'il tentera de vous vendre ce qui l'arrange. Dans ce cas pourquoi demanderiez-vous à un courtier en Bourse son avis sur un investissement ? Il ne vous vendra que ce qu'il a à vendre.

Si vous suivez mon programme, vous aurez un portefeuille d'actions. Pour vous conseiller dans la composition de celui-ci, votre conseiller financier fera tout aussi bien l'affaire qu'un courtier en Bourse. Le conseiller financier est en effet aussi habile à analyser le marché qu'un courtier mais, contrairement à celui-ci, il ne reçoit pas d'ordre de sa hiérarchie visant à privilégier certaines actions dans le but non avoué de favoriser ses clients institutionnels. De plus, le conseiller financier est polyvalent. Il s'intéresse aussi aux rentes, aux prêts hypothécaires et à toutes sortes de produits financiers qui vous aideront le moment venu à transformer vos avoirs en source de revenus.

CHAPITRE 30

ACTIONS

Loin de moi l'idée de vous expliquer de A à Z le fonctionnement du marché boursier. Vous trouverez, si vous les ignorez encore, les rudiments de son fonctionnement dans l'ensemble des ouvrages consacrés aux finances personnelles. En revanche, quelques précisions me semblent indispensables dans le cadre de notre programme. Vous savez, cela n'est un secret pour personne, que les actions ont depuis cinquante ans connu des performances supérieures à toute autre forme de produit financier. Aussi peut-être vous demandez-vous encore pourquoi je reste relativement prudent à leur égard puisque vous savez, à ce stade de votre lecture, que je préconise plutôt les sicav en actions. Ce qui me gêne dans la phrase « les actions ont depuis cinquante ans connu des performances supérieures à toute autre forme de produit financier », c'est la notion de « depuis cinquante ans ». En effet, les actions ont fait sur cinquante ans un bond de rentabilité extraordinaire mais, en supposant que ce schéma se reproduise, est-ce votre objectif d'acheter vos actions et de les conserver pour une période de cinquante ans ? Évidemment non. Ce qui vous intéresse, c'est plutôt le court terme, et la courbe de rentabilité des actions sur ce type de période est beaucoup plus erratique et incertaine que sur le long terme. Vous risquez sur ce genre de placement de tomber au mauvais moment, les déclins catastrophiques sur une courte période ont été nombreux ces cinquante dernières années, et si cela vous arrivait, vous vous en voudriez tout le reste de votre vie de n'avoir pas été plus prudent. Les grands mouvements historiques des produits financiers ont de l'intérêt pour les gens qui étudient l'histoire de l'économie ; pour ceux qui veulent juste placer leur argent, il n'y a pas d'autre information à prendre en compte que la tendance actuelle. Aussi serait-il ridicule de mettre en péril toutes vos finances uniquement pour vous être basé sur un livre d'histoire plutôt que sur le journal du jour. Investissez autant que possible en actions, en sicav d'actions, mais surtout gardez toujours un œil attentif sur le marché, réexaminez sans cesse votre portefeuille. Sans pour autant tout bouleverser au moindre petit signe du marché ou tracer obsessionnellement chaque jour la courbe de progression de votre portefeuille, ne considérez pas vos actions comme quelque chose de sûr et d'inaliénable. Elles ne sont pas à l'abri d'une catastrophe et il vaut mieux anticiper plutôt que de constater après coup les dégâts en répétant que « les actions avaient pourtant depuis cinquante ans connu des performances supérieures à toute autre forme de produit financier ». Pas de pilotage automatique, donc, il faut garder les yeux ouverts et avoir en permanence le contrôle de votre vie financière.

TABLE

Première partie

MOURIR SANS LE SOU, UNE PHILOSOPHIE

Deuxième partie

METTRE LA THÉORIE EN PRATIQUE

DANS LA COLLECTION « DOCUMENTS »
au cherche midi éditeur

DR MICHEL ALLARD
DR ARMELLE THIBERT-DAGUET
Longévité mode d'emploi

GEOFFROY D'AUMALE
JEAN-PIERRE FAURE
Guide de l'espionnage
et du contre-espionnage
Histoire et techniques

JAMEL BALHI
Les routes de la foi

PATRICE BAROIS
Le Tour du monde des volcans

JEAN BERNARD
La Médecine du futur

ISABELLE BRICARD
Dictionnaire de la mort
des grands hommes

MICHEL BÜHRER
Rwanda, mémoire d'un génocide
textes et photographies

Sous la direction de
PHILIPPE CHAZAL,
Les Aveugles au travail

DR PIERRE DUKAN
Dictionnaire de diététique et de nutrition

JOSEPH GOURAND
Les Cendres mêlées

FRANÇOISE et CLAUDE HERVÉ
Le Tour du monde à vélo

ALAIN KALITA
Je suis né deux fois

ALAIN LAVILLE
Un crime politique en Corse,
Claude Érignac, le préfet assassiné

LUIGI LUCHENI
Mémoires de l'assassin de Sissi
édition établie et présentée par Santo Cappon

PHILIPPE MÉLUL
Le Tour du monde en train

THÉODORE MONOD
Le Chercheur d'absolu

KEIJI NAKAZAWA
J'avais six ans à Hiroshima,
le 6 août 1945, 8 h 15

GILLES PLAZY
Gustave Courbet,
un peintre en liberté

MAURICE RAJSFUS,
La Police de Vichy,
les forces de l'ordre françaises au service
de la Gestapo, 1940-1944

L'Humour des Français sous l'Occupation,
en collaboration avec Ingrid Naour

Drancy, un camp de concentration
très ordinaire, 1941-1944

La Police hors la loi
Des milliers de bavures
sans ordonnances, depuis 1968

Les Français de la débâcle
juin-septembre 1940, un si bel été

Mai 68
Sous les pavés, la répression
juin 1968 - mars 1974

La Censure militaire et policière,
1914-1918

JACQUES ROSSI
Manuel du goulag

CATHERINE DE SILGUY,
Histoire des hommes
et de leurs ordures,
du Moyen Âge à nos jours,
préface d'Éric Guillon

CHRISTEL TRINQUIER
Femmes en prison

DANIEL ZIMMERMANN
Jules Vallès, l'Irrégulier

Composition – Mise en pages
DV Arts Graphiques à Chartres

Imprimé en France par la Société Nouvelle Firmin-Didot
Dépôt légal : septembre 1999
N° d'édition : 672 - N° d'impression : 48248
ISBN :2-86274-672-X